« Si la langue française survit encore demain, alors qu'elle n'est qu'un des cinq mille idiomes recensés dans l'histoire de l'humanité, on le devra, pour l'essentiel, aux hérauts et héros de la francophonie. Aussi aurions-nous bien tort de faire aux autres francophones le coup du mépris, raisonnant ainsi : ils parlent notre langue, c'est bien ; nous l'écrivons, c'est mieux. Si l'on veut servir la cause du français, commençons par ne pas mépriser ou débiner ceux qui butent comme nous sur les mêmes difficultés lexicales et syntaxiques. L'air condescendant ou l'agacement hostile que nous mettons à renseigner les étrangers dans les lieux publics, la raillerie qui s'attache aux histoires belges, la façon de brocarder la prononciation québécoise, la xénophobie que nous affichons contre les Africains, les manifestations d'indifférence ou d'hostilité qui accueillent les sommets francophones témoignent de ce minable cocorico linguistique. »

Alfred Gilder
Et si l'on parlait français ?

Du même auteur

Un mois chez les damnés, Préface de Jean-Charles Harvey, Le Petit Journal, 1955.
Le journalisme mène à tout, en collaboration avec Arthur Prévost, Éditions du Saint-Laurent, 1960.
Un prêtre et son péché, Éditions de l'Homme, 1961.
A Priest and his Sin, Pyramid Publishing (USA), 1961.
Toges, Bistouris, Matraques et Soutanes, en collaboration, Éditions de l'Homme, 1962.
La Rage des goof balls, Éditions de l'Homme, 1962.
Pourquoi et comment cesser de fumer, Éditions de l'Homme, 1964.
Montréalités, Éditions de l'Homme, 1965.
Cent ans déjà, Éditions de l'Homme/Éditions Radio-Canada, 1968.
Les Greffes du cœur, en collaboration, Éditions de l'Homme/Éditions Radio-Canada, 1968.
Prague, l'été des tanks, en collaboration, Éditions de l'Homme, 1968.
J'aime encore mieux le jus de betterave, 1969, réédité sous le titre *Des barbelés dans ma mémoire*, Éditions Stanké, 1981; Éditions Stanké, collection Québec 10/10, 1988.
So much to forget, Gage Publishing, 1977.
Ce combat qui n'en finit plus..., Essai sur la vie et l'œuvre du Dr Armand Frappier, en collaboration avec Jean-Louis Morgan, Éditions de l'Homme, 1970.
Pax — Lutte à finir avec la pègre, en collaboration avec Jean-Louis Morgan, Éditions La Presse, 1972.
Rampa, imposteur ou initié?, Éditions Stanké, 1973.
Guide des vacances inusitées, Éditions La Presse, 1974.
Pierre Elliott Trudeau — Portrait intime, Éditions Stanké, 1977.
Le Livre des livres, Éditions Stanké, 1988.
Lituanie — L'indépendance en pleurs ou en fleurs, Éditions Stanké, 1990.
Vive la liberté!, Éditions Stanké, 1992.
Guide pratique des Montréal de France, en collaboration avec Jean-Marie Bioteau, Éditions Stanké, 1992.
Occasions de bonheur, Éditions Stanké, 1993.

JE PARLE PLUS MIEUX FRANÇAISE QUE VOUS ET J'TE MERDE !

LES JOIES DE LA FRANCACOPHONIE...

Données de catalogage avant publication (Canada)

Stanké, Alain.

Je parle plus mieux française que vous et j'te merde!,
Les joies de la francacophonie...

Comprend des réf. bibliogr.

ISBN: 2-7604-0495-1

1. Français (Langue) – Régionalismes. 2. Français (Langue) – Régionalismes – Québec (Province). I. Titre. II. Titre: Les joies de la francacophonie.

PC2712.S721 1995   447'.09   C95-941408-8

Couverture: Pijet
Conception graphique et montage: Jean-Marc Gélineau

© Les éditions internationales Alain Stanké, 1995

Les éditions internationales Alain Stanké bénéficient du soutien financier du Conseil des Arts du Canada pour leur programme de publication.

Tous droits de traduction et d'adaptation réservés ; toute reproduction d'un extrait quelconque de ce livre par quelque procédé que ce soit, et notamment par photocopie ou microfilm, strictement interdite sans l'autorisation écrite de l'éditeur.

ISBN: 2-7604-0495-1

Dépôt légal: troisième trimestre 1995

IMPRIMÉ AU QUÉBEC (CANADA)

JE PARLE PLUS MIEUX FRANÇAISE QUE VOUS ET J'TE MERDE !

LES JOIES DE LA FRANCACOPHONIE...

Illustrations de Pijet

Préface de Jean-Loup Chiflet

Stanké

Sky! my préface

Je trouve qu'Alain Stanké ne manque pas de toupet! Non seulement il écrit un livre qui, comme vous le verrez, *does not break bricks* (ne casse pas des briques) mais il a le culot de s'autoéditer! Et là, je dis: *It is the bunch!* (C'est le bouquet!)

Mais attendez! Ce n'est pas tout. Il voulait en plus *without shouting station* (sans crier gare) écrire lui-même la préface pour s'autocongratuler. Là, franchement, comme nous sommes *friends like pigs* (copains comme cochons...) depuis plusieurs siècles, j'ai pris la liberté de lui dire: Alain, si tu oses, *it is the end of the beans* (c'est la fin des haricots).

Il m'a répondu:

« Mais non, ce livre est un *chief of work* (chef-d'œuvre) et *it does not eat bread* (ça mange pas de pain). *I have nothing to shake* (J'en ai rien à secouer) de tes reproches », etc.

Devant ce qu'il faut bien appeler un caprice, j'ai dû, *the death in the soul* (la mort dans l'âme), me livrer à une odieuse « poste noire » (*blackmail*): s'il ne me laissait pas préfacer ce livre à sa place, je ferais savoir au reste du monde que Stanké et Pijet sont en réalité deux énergumènes aux origines plus que douteuses et que ces deux noms *to sleep outside* (à coucher dehors) n'ont pas leurs racines à Maubeuge Sud et à Chicoutimi Ouest comme ils le prétendent. L'un est, je crois, moldo-valaque et l'autre valdo-moldaque! C'est *marijuana-marijuana donkey* (kif-kif bourricot)! C'est probablement ce que l'on appelle le « pot fondu culturel » (*melting-pot*).

J'ai honte de le dire, mais, en lisant ce livre, j'ai beaucoup ri. Je suis plus que jamais convaincu que toute vérité est bonne à rire même s'il s'agit de notre belle langue française maltraitée par deux émigrés *at the bite me knot* (à la mords-moi le nœud).

Un Canadien (un vrai cette fois!), Marshall McLuhan, a, je crois, dit que

« les grands moyens de diffusion (cinéma, radio, télévision) nous touchent plus et transmettent leur message de façon plus directe que le livre ».

Eh bien, mon pauvre Marshall, je te le dis sous toute réserve (indienne), on voit que tu n'as pas lu le livre de Stanké qui, bien que sous les apparences trompeuses de l'humour, est une étude psychophysiofrancolexicolinguomorphologique brillante et des plus sérieuses qui nous touche beaucoup plus que si l'on voyait la tête d'Alain Stanké à la télévision...

La Bruyère, un vrai Français (originaire comme chacun sait de Bécon), a dit :

« Les plus grandes choses n'ont besoin que d'être dites simplement, elles se gâtent par l'emphase. »

C'est tout aussi vrai pour ce livre qui, heureusement, n'est pas trop long et auquel je souhaite (hélas) tout le succès qu'il mérite, ainsi qu'à cette préface qui me permet de m'exprimer enfin dans un « meilleur vendeur » (*best-seller*), car en ce moment, pour mes bouquins, pourtant en vente dans toutes les bonnes librairies, *it is not the foot* (c'est pas le pied).

At good hearer, hello! (À bon entendeur, salut !)

Jean-Loup Chiflet
Auteur de 25 livres d'humour dont la célèbre série des *Sky! My husband. Ciel! mon mari.*

À ma première maîtresse*
qui m'a tout appris
en m'inculquant le goût de la langue**
et à ma dernière psychothérapeute
qui m'aide à mieux vivre avec.

---

* ... de français.
** Ma cinquième.

Touche pas à ma... pelote !

« Incroyable mais vrai ! *Dupuis et frères* vous offre aujourd'hui... Écoutez bien : une **pelote*** pour 25 cents ! Oui, j'ai bien dit une **pelote** pour seulement 25 cents ! »

Autrement dit : pelote et re-pelote !

En direct sur les ondes de CKVL, Claude Séguin s'étouffe net. La bonne nouvelle, même incomplète, attire un déluge de protestations à la station de radio pendant qu'une foule hétéroclite, pas nécessairement intéressée au tricotage, se rue dans le magasin de la rue Sainte-Catherine. Juste pour voir...

Nous étions en 1952, loin de la révolution sexuelle.

Sur le plan lexical, l'annonce n'était pas fausse. Elle n'avait pas été créée par un quelconque libertin ni par un génie de la publicité. Nenni. Ce n'était qu'un quiproquo involontaire imputable à un jeune scripteur non initié aux différences entre

---

* Pelote (prononcez « plotte ») : sexe de la femme ou femme facile.

le français de France et le français du Québec. Je peux l'affirmer sans aucune hésitation, car j'en étais l'insigne auteur!

Fraîchement émoulu d'un collège parisien, je venais tout juste de débarquer du bateau pour venir planter mes racines à Montréal. Je savais que le français ayant cours d'un côté et de l'autre de l'Atlantique se ressemblait à s'y méprendre mais j'étais loin de me douter que, dans certains cas, il n'existait aucun rapport entre les mots dits et ce qu'ils auraient dû vouloir dire. Même vocabulaire, même syntaxe, certes, mais pas nécessairement le même sens. Tant s'en faut.

Si tu parlais comme du monde, on se comprendrait!

L'inoubliable aventure de la laine n'était que la première d'une série de situations tout aussi embarrassantes que j'ai dû vivre dès mon arrivée au Canada.

Par un beau et chaud matin d'été, j'eus l'envie de me payer une petite boule de glace dans un cornet.

— Une **glace**, s'il vous plaît, commandai-je au vendeur.
— Tu veux quoi? me fit-il répéter en me tutoyant avec une sensible pointe de condescendance.
— Une glace!
— J'vends pas d'ça icitte...

Pourtant, ce n'était pas un mirage. J'avais bien vu, de mes yeux vu, des clients sortir de son échoppe en léchant un rafraîchissant cornet. Je fus envahi par un doute. Refusait-il de me servir à cause de mon accent? Avait-il compris que j'étais étranger? Était-il par hasard xénophobe? En ce cas, il valait mieux l'apprendre tout de suite. Je pris donc mon courage à deux mains et retournai affronter le malveillant à son comptoir.

— Pardon monsieur, il y a quelques minutes je suis venu ici pour vous acheter de la glace et vous m'avez dit que vous n'en vendiez pas...

— Et alors? J'en vends toujours pas!

— Et ces deux personnes qui viennent de sortir... vous leur avez vendu quoi?

— Ça? Ça, c'est pas d'la glace, ostie! c'est d'la crème glacée. Si tu parlais comme du monde, le monde y t'comprendrait!

Ce sur quoi il n'avait pas entièrement tort. Si tout le monde parlait comme tout le monde, tout le monde se comprendrait.

Joe Louis, ancien champion du monde de la boxe poids lourd, disait qu'«il y a des fois que tu peux courir mais tu ne peux pas te cacher...» C'est exactement ce que j'ai ressenti ce jour-là. Je n'étais pourtant pas au bout de mes angoisses.

Une autre fois, voulant m'offrir une petite confiserie, j'ai demandé à une brave jeune et belle vendeuse transparente de pureté:

— Donnez-moi une **sucette**, s'il vous plaît.

À la place de la sucette j'ai eu une... gifle ! Je n'avais pourtant aucune arrière-pensée. Encore heureux qu'à cette époque personne ne parlait de harcèlement sexuel. Je me serais peut-être retrouvé devant le tribunal.

C'est qu'au Québec un *suçon* s'appelle une « sucette » et une *sucette* n'est qu'un « suçon ». L'aurais-je su que je n'aurais jamais risqué de me couvrir de ridicule en demandant une petite marque d'affection à une candide vendeuse qui aurait très bien pu faire mon bonheur en me vendant un innocent bonbon en sucre cuit aromatisé.

L'embarquement pour s'y taire

Pendant des semaines, je n'avais cessé d'admirer secrètement une jeune et jolie voisine sans jamais oser l'aborder. Un soir, esseulé, je pris mon courage à deux mains et demandai à une de ses amies comment la joindre.

— Oh, elle est... partie !
— Partie ?
— Oui, **partie... pour la famille** (enceinte) !

J'avais du chagrin. Mais de l'imaginer loin, heureuse, aimée et entourée de sa famille me consolait, et son départ n'étant pas définitif tout espoir n'était donc pas perdu. Je l'ai revue quelques mois plus tard. Elle portait un joli bébé dans les bras. J'ai compris alors que plus rien ne pouvait **empêcher la famille*** de souhaiter un rapprochement entre ma voisine et moi.

Lentement, je m'initiais aux joies insoupçonnées du français... universel. Jusqu'ici, je n'avais aperçu que la pointe de l'iceberg. La base de celui-ci me réservait d'autres surprises.

Mots dits français

« Dis-moi quels mots sortent de l'enclos de tes dents, je te dirai qui tu es et l'état de la société dans laquelle tu vis ! » disait Homère. Sans nécessairement avoir sa clairvoyance, le touriste ou l'immigrant qui veut éviter de se couvrir de ridicule doit apprendre à jongler avec la sémantique ayant cours dans le pays où il débarque.

Installée depuis peu à Montréal, une brave immigrante française se plaignait à sa voisine de la rigueur des hivers canadiens :

— Depuis que nous sommes arrivés à Montréal, disait-elle, je n'ai qu'une idée en tête : offrir une belle **canadienne bien fourrée**** à mon mari...

---

* Au Québec, et dans un autre contexte, *empêcher la famille* signifie « limiter les naissances ».
** Au Québec, *fourrer* signifie « baiser ».

La confidence de la Française fit rougir son amie québécoise.

— Il existe une très belle entente entre lui et moi!

C'est le moins qu'on puisse dire, pensa l'amie estomaquée.

— Mon mari travaille à l'extérieur. Je reste à la maison pour prendre soin des deux **gosses***... Les gosses, c'est ce que j'ai de plus précieux dans la vie! Je m'en occupe avec amour et application. Pour rien au monde je ne voudrais confier cette tâche à quelqu'un d'autre.

La Québécoise était confuse. N'y avait-il pas contradiction dans les propos de la Française? Un peu plus tôt, elle offrait une Canadienne bien fourrée à son mari, et maintenant elle disait vouloir ne confier le soin de ses gosses à personne. Décidément ces Françaises n'ont pas volé leur réputation...

Dans le même registre, rappelons ce film français des années soixante-dix qui fit fureur au Québec non pas tant par son intrigue que par la délectable et abstruse clarté de son titre: *Comment peut-on être père sans gosses.*

Sorti en France sous le titre de *Chérie, j'ai rétréci les gosses*, le film de Joe Johnston a été rebaptisé, au Québec, en *Chérie, j'ai réduit les enfants.*

Ça n'a pas changé le film, ça l'a rendu juste moins hilarant.

Le français? On s'en balance!

À mon arrivée à Montréal, je me suis fait deux bons amis; l'un était français, l'autre québécois. Un jour, l'ami québécois décida de déménager. Le copain français et moi proposâmes de l'aider à transporter ses effets personnels. À la fin de la

---

* Gosses: testicules, au Québec.

journée, quand l'appartement fut presque vide, éreinté, le Québécois dit au Français, pendant que nous cherchions à entasser les dernières boîtes dans un camion rempli à ras bord :

— Irais-tu chercher **la balance** (le reste) ?

Sans la moindre hésitation, l'autre courut dans la maison. Cette balance, après tout, ne devait pas être si lourde, m'étais-je dit, pour que nous soyons deux à la porter. Je n'ai donc pas proposé de l'aider. Il revint cinq minutes plus tard, les mains vides.

— Il reste encore quelques petites babioles dans l'appartement, dit-il, mais je n'ai pas vu de balance... j'ai eu beau la chercher partout, je ne la trouve pas !

Comme disait Lacan : « Rien n'est plus obscur que la notion de clarté. »

À cette même époque, alors correspondant de *France-Soir*, je reçus la visite d'un collègue parisien venu découvrir la deuxième ville française en importance du monde : Montréal ! Il voulait tout voir, tout visiter et surtout, précisa-t-il : « Je me demande ce que tu peux bien **branler** (foutre) dans ce pays. »

Qu'à cela ne tienne. Il allait être servi.

Mon ami Arthur Prévost, réputé pour dénicher les endroits les plus insolites, me suggéra de l'emmener voir une exposition de meubles. Un des exposants y exhibait avec fierté un fauteuil nouveau genre ; il s'était inspiré du système de vibration Magic Fingers que l'on installait sous le lit. À l'époque, hôtels et motels en faisaient leurs choux gras. Pour la modeste somme de 25 cents, l'appareil faisait vibrer votre valeureux matelas durant 15 (interminables) minutes.

D'après le vibrionnant commerçant, son fauteuil était spécialement conçu pour les hommes d'affaires tendus et stressés ; il leur garantissait une relaxation bienfaisante et presque instantanée. Baptisée « fauteuil branleur », la merveille oscillait dans un léger mouvement de va-et-vient continu ayant pour but de procurer à son occupant une indescriptible sensation de fourmillement, laquelle sensation débouchait en fin de course sur un soulagement bienfaisant que, débordant d'enthousiasme, l'inventeur n'hésitait pas à comparer au nirvana !

Mon confrère parisien essaya le fauteuil. Mais le plaisir qu'il en retira fut incomparablement moins grand que celui du vendeur, qui se voyait déjà en première page des journaux parisiens. Le brave homme était prêt à tout pour nous séduire. Il alla jusqu'à nous reconduire personnellement à la sortie où, au moment de nous dire au revoir, il finit par nous ébranler complètement :

— Heureux de vous avoir connus, nous dit-il. Si jamais vous voulez revenir vous faire **branler**[*] à ma santé, ça me fera plaisir ! L'exposition va encore être ouverte pour **une bonne secousse** (un bon moment) ! Au Québec, on n'est pas des **bran-**

---

[*] En France, *se branler* signifie « se masturber ». « On n'est jamais si bien *branlé* que par soi-même. » (Gérard de Nerval, XIXe siècle.)

leux (lambins)! Ici on s'occupe bien de nos clients! Je vous garantis que mes vendeuses ne sont pas des **branleuses***. »

Je n'ose presque pas ajouter qu'en lisant sa carte de visite nous nous sommes rendu compte que l'endroit où le brave inventeur avait installé son commerce se trouvait (il n'avait réellement pas fait exprès) dans une ville de la banlieue de Montréal qui porte le nom de Pointe-aux-Trembles (!). C'est dans cette localité d'ailleurs que l'on trouve le célèbre Sanctuaire de la… réparation au Sacré-Cœur!

Soyons justes, toutes ces mésaventures ne se sont pas produites hier. En effet, depuis quelques années, grâce à la télévision, au cinéma, aux journaux, aux livres et aux voyages de plus en plus fréquents, les Québécois se sont familiarisés avec la langue française qui a cours au pays de Voltaire. Du même coup, sous-entendus, malentendus et quiproquos sont moins fréquents. Les fous rires sous cape aussi… Mais si désormais on comprend mieux le français de **l'aut' bord** (de l'autre côté de l'Atlantique), on continue néanmoins à conserver le sien, accent compris. Pourquoi en serait-il autrement puisque, comme le dit Jacques Sternberg : « L'accent n'a jamais tué aucune vérité. De même que le bel accent français, tellement élégant, n'a jamais valorisé aucune connerie[1]. »

À tous ceux qui n'ont pas le même accent que moi (et qui me le font remarquer) j'ai pris l'habitude de citer quelques vers

---

Pourtant, il n'en a pas toujours été ainsi. En effet, dans l'ancien français, le verbe signifiait « mouvoir d'avant en arrière » ou se « remuer, se mouvoir » ou encore « menacer de se révolter » : « *Branlant* le dard dont il le voulait percer. » (Fénélon.)

« On leur a dit qu'il ne faut pas *branler*, ni aller et venir quand ils sont dans leurs rangs. » (Mme de Sévigné.)

« Toutes les provinces qui *branlent* déjà ne se déclareront-elles pas ? » (Retz, dans *Dictionnaire érotique*.)

* En France, *branleuse*: femme qui branle les hommes.

Quant à l'expression *branlotte*, qui, dans la langue verte, décrit une mini-masturbation, elle sert en botanique à désigner une graminée dont les épis, lorsqu'ils sont à maturité, explosent au toucher.

du magnifique poème de Miguel Zamucol que m'a appris un jour Momo, un cantonnier de Montréal-les-Sources (France) à l'accent provençal :

> « Lorsque loin du pays le cœur gros on s'enfuit
> L'accent mais c'est un peu le pays qui vous suit.
> Mon accent, il faudrait l'écouter à genoux !
> C'est un peu cet accent, invisible bagage,
> Le parler de chez soi qu'on emporte en voyage.
> Avoir l'accent enfin c'est chaque fois qu'on cause
> Parler de son pays, en parlant d'autre chose.
> Ne pas avoir d'accent, pour nous c'est d'en avoir. »

L'accent, c'est grave !

En visite à Paris, Ghislaine, une Québécoise « pure laine », avait besoin d'acheter une brosse à dents. Quelle ne fut pas sa surprise lorsque le vendeur lui apporta une brosse de la taille de celles que l'on utilise pour brosser les vêtements.

— Ce n'est pas ce que je vous ai demandé, protesta la jeune fille.

— Faudrait savoir ce que vous voulez !
— Une brosse à dents (prononcez « daim »).
— Bon, et alors ? Vous me demandez une brosse à daim, je vous apporte une brosse à daim !

Pourquoi chipoter sur les mots alors que c'est un dessin qu'il faudrait ?

Garçon, la diction !

On ne répétera jamais assez que pour bien se faire comprendre en France et éviter de faire rire de soi, en particulier à Paris, il convient de bien articuler et surtout de prendre la précaution de camoufler toute trace d'accent étranger. Pour tout dire, quelqu'un qu'au Québec on dit **bien articulé** (qui s'exprime bien) n'a pas plus de chance là-bas qu'un autre.

Comment s'y retrouver si personne ne nous prévient que Saint-Tropez se prononce « Saint-Tropé », Uzès : « Uzai » ; Castries : « Castres » ; Caen : « Can » ; Chamonix : « Chamoni » ; Metz : « Mez » ; Schneider : « Schnèdre » ; et de Broglie : « de Breuille », qu'il soit prince ou pas.

Une autre tendance, difficile à se mettre en bouche, est celle qui commande la substitution du *s* par *z* et qui vous attire du même coup une certaine distance et un respect bien mérités. Ainsi, on n'est jamais mal vu si l'on dit : organizme, communizme, socializme, capitalizme, journalizme, automobilizme.

Éclectizme, snobizme ou crétinizme ?

Les sal... amis québécois

Il arrive, comme c'est le cas en ce moment au Québec, que les gens sentent le besoin d'inventer des mots-liens pour rien. Un de ces mots (qui en réalité n'en est pas un), cet embryon de mot, que dis-je, cette bactérie, c'est « sala ».

Une sorte d'avorton né de la fusion de deux mots : du pronom démonstratif *ça* ou *cela* et du verbe *avoir*. Ce qui donne « ça l'a ». Paul Tremblay a baptisé ce mot « virus du sala[2] ».

Cet infâme virus est tellement avancé qu'il est devenu un réel danger.

« Le *sala*, dit Tremblay, commence à présenter de nouvelles formes ou métastases. Avec le *sala* viennent maintenant le *salé* et le *saleur*. Vu dans des textes d'élèves : "**saleur*** aide", "**salé** tente".

[...] Notons que la contagion de ce virus se fait surtout dans les cercles instruits : il circule beaucoup dans les cours universitaires, sur les plateaux de télévision et dans les réunions de fonctionnaires. »

Salassez duré ! **Sala** plus d'allure !

Le joual, vous trouvez sabot ?

Tout Français qui n'est jamais allé au Québec devrait relire la version originale des *Femmes savantes*, de Molière :

« Mon Dieu, je n'avons pas étugué comme vous, et je parlons tout dret comme on parle cheux nous. »

Il se sentirait alors moins dépaysé et apprendrait du même souffle la grande valeur qu'accordent ses cousins d'Amérique aux traditions passées.

Au Québec, on parle français, certes, mais outre la chaleur de l'accent typique du pays et certains mots qui n'ont pas toujours le même sens qu'en France, le visiteur aura la surprise de

---

* Dans ce livre, pour les citations, le caractère gras est demandé par l'auteur.

découvrir le parler *joual*. L'appellation, qui s'applique à une forme d'expression particulière au Québec, a été lancée en 1959 par André Laurendeau et dénoncée avec vigueur par le frère Jean-Paul Desbiens qui décrit cette sorte de patois de la façon suivante :

> « Le nom est d'ailleurs fort bien choisi. Il y a proportion entre la chose et le nom qu'il désigne. Le mot est odieux et la chose est odieuse. Le mot joual est une espèce de description ramassée de ce que c'est que le parler joual. Parler joual, c'est précisément dire *joual* au lieu de dire "cheval". C'est parler comme on peut supposer que les chevaux parleraient s'ils n'avaient pas déjà opté pour le silence [...]. Le joual est une langue désossée : les consonnes sont toutes escamotées.
>
> On dit **chu pas capable** ou **l'coach m'enweille cri les mit du gôleur**, au lieu de "le moniteur m'envoie chercher les gants du gardien". [...] Cette absence de langue qu'est le joual est un cas de notre inexistence, à nous, Canadiens français. [...] Notre inaptitude à nous affirmer, notre refus de l'avenir, notre obsession du passé, tout cela se reflète dans le joual, qui est vraiment notre langue[3]. »

Robert Hollier, qui adore l'histoire (et l'humour), prétend que le joual ne date pas d'hier. Il rapporte à ce propos la conversation suivante qu'auraient eue le navigateur français Bougainville et le ministre Berryer auprès duquel l'homme des mers était venu mendier des renforts pour le lointain Canada au milieu du XVIIIe siècle :

> « Berryer : Eh, Monsieur, quand le feu est au château, qui se soucie des écuries ?
>
> Bougainville : Du moins, Monsieur, on ne dira pas que vous parlez comme un cheval[4] ! »

Ce serait la première fois que l'on aurait parlé joual à propos du Québec, affirme Hollier.

La majorité des Québécois s'accorde pour dire que le joual n'est pas la plus belle découverte québécoise du siècle et que « ce n'est pas un produit d'exportation[5]! » Le comédien et philosophe Doris Lussier répétait sans cesse : « Il faut remettre le joual à sa place : à l'écurie! » Mais, lorsqu'on constate les faits, on doit conclure que tout le monde n'est pas d'accord et qu'il s'en trouve même, et non des moindres, pour prendre farouchement sa défense.

Tel est le cas, entre autres, du dramaturge Michel Tremblay qui affirme :

> « Quelqu'un qui a honte du joual, c'est quelqu'un qui a honte de ses origines.
>
> Joual, c'est un mot que je déteste. Je trouve cela abominablement méprisant que de donner à une langue un nom qui est la déformation d'un autre mot! C'est encore la faute des intellectuels des années cinquante[6]. »

Sans vouloir tourner le fer (à cheval) dans la plaie, le populaire auteur québécois précise que nul n'a besoin de prendre la défense du joual car il se défend parfaitement tout seul.

> « Ça ne sert à rien de se battre ainsi, dit-il. Laissons ses détracteurs pour ce qu'ils sont : des complexés, des snobs ou des colonisés culturels. Laissons-les brailler, leurs chialements n'empêcheront pas notre destin linguistique de s'accomplir. Le joual en tant que tel se porte à merveille ; il est plus vivace que jamais[7]. »

Les braves défenseurs du joual ne nous ont peut-être pas encore donné d'œuvre de la puissance des *Lettres de mon poulain* ni de poèmes... hippiques, dites-vous? Qu'importe puisque Michel Tremblay a réussi à devenir l'un des écrivains canadiens les plus connus dans le monde. Le Conseil des Arts du Canada, un organisme gouvernemental, le présente ainsi :

« L'originalité de son style, la diversité de ses moyens d'expression et la profondeur de sa vision du monde en ont fait un auteur influent et estimé, et bon nombre de ses œuvres sont devenues des jalons de l'évolution du théâtre canadien du XXe siècle[8]. »

Ainsi, sa pièce *Les Belles-sœurs*, bien qu'écrite en joual, a été présentée à Paris[9] et acclamée comme « la meilleure production étrangère de la saison ». Disons aussi, pour ajouter une récompense supplémentaire à sa... crinière, que le gouvernement français a rendu hommage en 1984 à l'ensemble de l'œuvre de ce vaillant défenseur du joual en le nommant... chevalier (!) de l'Ordre des Arts et des Lettres de France. (Et l'a promu officier en 1991.)

Trot, c'est trot! prétendent ceux qui montent sur leurs grands chevaux et s'offusquent de constater que le joual puisse faire... du **foin***, c'est-à-dire beaucoup de **bidous****. Tous ceux qui ne cachent pas leur courroux se rallient en chœur derrière l'intrépide président de l'Institut de la diction française, Philippe Ferland, un honorable juge qui a fait du joual son principal cheval de bataille :

« Si vous continuez à vous laisser remorquer vers un abîme qui est devenu fosse d'aisance, vos petits-enfants iront cracher sur vos tombes parce que, possesseurs de l'un des plus beaux patrimoines de l'humanité, celui de la civilisation et de la culture françaises et chrétiennes, vous l'aurez laissé profaner et piétiner[10]. »

« **Qu'ien toé** (tiens, toi) ! » dirait-on en joual.

Jacques Godbout, qui n'est pas un écrivain réputé pour être à cheval sur les principes, avoue pour sa part que le problème est plus complexe qu'on pourrait le croire :

---

* Faire du foin : faire de l'argent (Québec) ; faire du bruit (France).
** Bidous : argent.

« Écrire joual et se couper tous les ponts, voilà ce qui fonde le tragique de l'écriture québécoise rêvée. Pourtant, seul le joual peut traduire l'épaisseur de la condition québécoise, car il est un objet social qui situe l'homme qui l'emploie mieux que toute autre approximation linguistique, peu importe comment on la prend[11]. »

André Brochu trouve, lui, que le joual recèle des informations insoupçonnées :

« Le joual, affirme-t-il, est une mine de renseignements sociologiques pour qui désire savoir comment un peuple, abandonné par sa mère la France, [...] a su conserver, dans la position-sandwich qui était la sienne depuis la Confédération, le doux parler de ses ancêtres avec la **relique-moutarde*** américaine sur la saucisse de la francophonie[12]. »

Lorsqu'on lit, à propos du patois, les commentaires d'Henriette Walter, professeur de linguistique à l'université de Haute-Bretagne, ex-directrice du Laboratoire de phonologie à l'École pratique des hautes études, en France, on ne doit pas nécessairement en conclure que la chercheuse parle du joual.

« Il ne faudrait pas croire qu'un dialecte ou un patois, écrit-elle, est une langue "mal parlée" : c'est bel et bien une langue à part entière, avec une grammaire et un lexique spécifiques. Si cependant on dit aujourd'hui que l'italien, l'espagnol ou le français sont des langues, ce n'est pas parce qu'ils sont plus riches, plus beaux ou mieux structurés que le léonais, le napolitain ou le picard, mais parce qu'ils ont acquis un prestige plus grand en devenant des langues littéraires et officielles d'États constitués. Les idiomes qui ont été les points de départ de ces trois langues, respectivement

---

* Relish et moutarde. Relish : condiment fait de cornichons hachés dont on garnit entre autres le hot-dog.

le dialecte toscan de Florence, le dialecte castillan et le dialecte de l'Île-de-France, n'étaient eux-mêmes, à l'origine, que des patois parlés sur une aire géographique réduite[13]. »

Quoi qu'il en soit, si on se fie au remède de cheval qu'espère administrer l'Union des écrivaines et écrivains québécois (l'UNEQ) pour préserver la santé de la langue française en Nouvelle-France, le remplacement du français par le joual n'est pas imminent. En effet, l'organisme vient de recommander au gouvernement d'inscrire au cœur de la Déclaration de souveraineté et de la Constitution d'un Québec indépendant (pour le jour où il le deviendrait) «le principe que la langue française est la langue nationale du Québec, sa seule langue officielle, et qu'elle constitue à ce titre le fondement de la culture commune du peuple québécois[14]. »

Ouf!

En attendant, quoi qu'on en dise, la première fois qu'un Français est plongé, sans avertissement, dans un milieu québécois et dans le joual qu'on y pratique, il ressent à coup sûr la pénible impression d'avoir atteint une altitude où l'oxygène se fait rare. Un éditeur parisien de mes amis pourrait en témoigner. Le malheureux n'est pas prêt d'oublier une halte hivernale forcée dans un certain garage des Laurentides où il eut droit, ce jour-là, à l'explication suivante:

> « Té pogné icitte pour une bonne secousse. On a tout' tchéqué, moé pis mon chum stie! Le trouble y vient d'la fan qu'éta trop slack. À force de zigonner su l'starter t'as mis ta batterie à terre. C'est l'bout d'la marde! M'a t'être forcé à changer l'shaft. Y é pété lui itou. À part de d'ça, j'sé pas si t'as vu mais y a pus d'anti-freeze dans le maudzi bazou. Avec le fret qu'on a c'est pas ben smart de runner un char de même. J'dis pas si c'éta un char neu mais on n'est pas su'a Côte d'Azur icitte, pis c'est vrai en crisse. Ça gèle en tabaslak dans l'boutte où s'qu'on reste nouz'aut. En té cas, pour être bad-locké, t'es bad-locké

en sacrament. Si c'était rien que de moé, tandis qu't'es t'icitte, j'fra un check-up complet, pis j'changera les spark plugs en si vous plaît. Pas mes mosusses d'affaires mais c't'une vraie minoune que l'*rent-a-car* y t'a louée là. Y é toute foqué c'char-là. Ça pas d'allure. Y ont même pas mis de tayeures à neige. Ça doit skider en tabarnak su l'autoroute! Surtout qu'astheure, à cause de leu maudit' z'économies à marde y z'épandent pus pantoute de stoffe dans a's'maine. Y z'en garrochent rien qu'en fin de semaine, les osties de calvaires! Si c't'avec ça qui z'espèrent attirer l'tourisse, les épâs, y s'content des pipes, les sacraments! »

Quand on ne comprend pas on peut toujours faire répéter, n'est-ce pas? Le pauvre avait bien cru saisir quelques mots. Ces mots mis bout à bout semblaient former des phrases. Des phrases qui, sans conteste, devaient exprimer quelque chose. Mais quoi au juste? Là était le mystère. Le Parisien, d'habitude si loquace et sûr de lui, était à ramasser non pas à la petite cuillère... mais à l'aspirateur.

Si le brave touriste parisien apprenait que dorénavant les choses ont des chances de changer, il en serait sûrement soulagé.

En effet, afin que les mécaniciens québécois cessent de se gargariser de termes incompréhensibles, la Fédération des travailleurs du Québec (FTQ) a finalement décidé de balayer le français devant la porte des garages en lançant, de concert avec l'Office de la langue française (OLF), une vaste campagne de francisation destinée aux garagistes, vaillants travailleurs du capot, et à leurs clients[15].

René Étiemble doit y être pour quelque chose. N'a-t-il pas déjà dit, en dénonçant le *franglais*: «Je puis garantir à nos techniciens que s'ils savaient le français et en tirer parti, jamais ou quasiment ils n'auraient besoin de mots anglais!»

En lançant sa campagne, Clément Godbout, président de l'OLF, a rassuré tout le monde en déclarant que bientôt, au Québec, plus personne ne dira **timing belt** mais «courroie crantée». «Dorénavant, la langue française va vibrer au rythme du Québec et le Québec va vibrer au rythme de la langue française», a-t-il promis.

Si sa campagne réussit, on ne manquera pas de lui rendre un vibrant hommage. Il aura mérité le royaume... d'essieu.

La Fontaine publique

À propos du joual, le journaliste André Béliveau a déjà écrit (espérons que c'était pour rire) :

> « Les Français, c'est connu, parlent bien et beaucoup, mais ils ne disent jamais grand-chose. Alors que nous... Nous, c'est du solide, du concret. Trois ou quatre mots bien sentis dans la bouche d'un Québécois, c'est d'une telle densité, d'une telle force[16]... »

La fable, histoire inventée de toutes pièces, constitue sans conteste le lieu idéal pour imaginer le fonctionnement du joual. Nous l'avons essayé sur la création la plus populaire de La Fontaine[17], *Le Corbeau et le Renard*, ainsi que sur *La Cigale et la Fourmi*, en les mettant en parallèle avec leur traduction en argot.

LE CORBEAU ET LE RENARD

(EN JOUAL)

Maître corbeau, un quétaine sur un arbre jouqué,
Tenait dans sa yeule une pizza double fromage.
Le calvaire de renard, qu'a pas l'nez bouché
Y dit dans son langage :
« Hey ! Salut baquet !
T'es ben swell, t'es ben beau !
Si t'é t'aussi smart que t'en as d'l'air
Tu dois t'être au-dessus d'tes affaires ! »
À ces mots, le niaiseux d'corbeau s'prend pour Trudeau
Ouvre sa grande yeule pis échappe e'l'morceau
Le crosseur de renard pogne e'l'motton et y dit :
« Mon pauv' cave, tu sauras que çui qui flatte
Vit aux crochets d'çui qui y compte des pipes :
Cette leçon vaut bien une pizza double fromage. »

Le criss de Corbeau, qui s'est faite fourrer
Jura, un peu tard, qu'on ne le repognerait plus.

(EN ARGOT[18])

Corbeau-le-ballotin sur un arbre paumé,
Planquait entre ses crocs un comac frodogome ;
Renard-le-combinard qui n'avait pas croqué,
Radina en loucedé pour lui faire à l'estom :
« Bavonjavour mon pot', je n'avais pas gaffé
Que tu étais si bath, et si bien balancé.
Sans attiger, si tes chocottes
Sont kif-kif avec ta bouillotte,
Tu es le plus girond des mectons du loinqué... »
À ces vann's, le corbeau se sentit chanc'tiquer,
Et pour mieux faire zieuter ses crocs,
Débrida son bavec, lâchant son calendos.
Le renard le brifa sans casquer un rotin,
Jaspinanant : « Je t'ai eu avec mon baratin.
Les marles auront toujours la loi avec les caves ;
Ce rencard me vaut bien un fromag', têt' de nave ! »
Le corbeau répondit : « Vieille cloche,
Je m'en tap', ce fromgi avait des astibloches. »
Moralité :
Chacun dans son loinqué, s'il veut rester peinard,
Doit boucler son clapet devant les combinards.

LA CIGALE ET LA FOURMI

(EN JOUAL)

La ciboire ayant niaisé tout l'été
S'est trouvée mal prise en ostie
Quanq'le froid d'hiver l'a pognée :

Pas même un ti-morceau
De mouche à marde ou de McDo.
Elle alla montrer sa sale mine
Chez son ostie d'voisine,
Lui demandant d'y r'filer
Un p'tit queq'chose pour avaler
Jusqu'à la fin d'la saison de hockey.
« M'a te le r'payer, lui dit-elle
Avant l'mois d'août, sans aucun mal
L'intérêt pis l'capital ! »
L'ostie d'bibite qui s'prend pas pour une maison
   d'finance
Y dit comme ça, qu'chez eux, elle aura pas d'chance.
« Qu'essé qu'tu f'sais quand sé qu'c'était l'été ? »
Dit-elle à la niaiseuse.
« J'niaisais, pis j'f'sais des tounes, j'partais su des
   balounes !
— Ah ! nuit et jour tu f'sais des tounes ?
Ben t'a rien qu'a swigner maintenant, ma guidoune. »

                (EN ARGOT[19])

Ayant goualé tout l'été,
Avec les poteaux du loinqué,
La cigal' n'eut plus un pélot,
Quand radina le temps du frigo,
Pas un toubem de brignolet,
À se carrer sous les crochets.
Elle bagota en sourdine,
Chez la fourmuch' sa copine ;
La pilonnant en loucedé
De lui refiler à croquer ;
Car elle avait les chocottes.
— Nous avons toujours été potes
Lui bonit-elle en chialant ;

Ce n'est pas du boniment.
La fourmuche, une vraie tordue
Répondit : « Tu n'auras que pouic.
Qu'as-tu fabriqué de ton fric,
Pour être aujourd'hui si loqu'due ?
— Toutes les neuill's, dans les beuglants,
Je goualais avec les aminches.
— Ah ! tu goualais, p'tit peau d'hareng ;
Eh bien maint'nant, cavale au guinche. »

Proximité ou promiscuité ?

Les puristes reprochent souvent aux francophones vivant hors de LA métropole de s'exprimer dans un français approximatif. Ils n'ont pas tort. Mais s'il est toujours triste de voir la langue française malmenée, il arrive qu'avant de nous faire pleurer les coupables nous fassent rire, bien malgré eux. Deux Montréalais, Nadine Gueydan et Georges-Henri Arenstein, ont fait la chasse aux locutions *Made in Québec* formées par l'association de deux formules connues, locutions qu'ils ont baptisées « expressions chevauchées ». **En prenant leur courage à leur cou**, ils ont écouté la radio, la télévision et les discours politiques pour colliger les perles dont voici un échantillon :

> *Avoir voix au chapitre* et *avoir le droit de parole* donnent **Avoir droit au chapitre**.
>
> *Être au bout du rouleau* et *sentir vibrer sa corde sensible* : **Je suis au bout de ma corde sensible**.
>
> *Changer l'eau en vin* et *séparer le bon grain de l'ivraie* : **Il faut séparer le vin de l'ivraie**.
>
> *Mettre les pendules à l'heure* et *donner l'heure juste* : **Mettre les pendules à l'heure juste**.

Nœud de vipères et *panier de crabes*: **C'est un vrai nœud de crabes.**

Se vider le cœur et *vider son sac*: **Elle s'est vidé le cœur dans mon sac.**

La quadrature du cercle et *un cercle vicieux*: **C'est la quadrature du cercle vicieux.**

Tirer les ficelles et *suivre le fil d'Ariane*: **Il tire toutes les ficelles d'Ariane.**

On ne fait pas d'omelette sans casser d'œufs et *marcher sur des œufs*: **On ne fait pas d'omelette sans marcher sur les œufs.**

Deux avis valent mieux qu'un et *un tiens vaut mieux que deux tu l'auras*: **Deux avis valent mieux qu'un tu l'auras.**

Faire le gros dos et *ne pas y aller avec le dos de la cuillère*: **Ne pas y aller avec le gros dos de la cuillère.**

Le bébé est né et *le bateau est à l'eau*: **Maintenant que le bébé est à l'eau.**

Avoir plus d'un tour dans son sac et *un sac à puces*: **Elle a plus d'un tour dans son sac à puces.**

Fourrer son nez partout et *se mêler de ses oignons*: **Elle fourre toujours son nez où il n'y a pas d'oignons.**

Clouer le bec à quelqu'un et *avoir le bec dans l'eau*: **Je lui ai cloué le bec dans l'eau.**

Brouiller les pistes et *broyer du noir*: **Je brouille du noir.**

Marcher sur des œufs et *marcher sur la pointe des pieds*: **Avec elle, il faudrait toujours marcher sur la pointe des œufs.**

Suer sang et eau et *se donner corps et âme*: **Suer corps et âme.**

Tiré à quatre épingles et *tiré par les cheveux* et *couper les cheveux en quatre*: **Ton raisonnement est tiré par quatre cheveux.**

Pour compléter ce langage châtré, pardon, je veux dire châtié, ajoutons à la liste ces quelques incontournables classiques :

La mouche du coq (coche) ;

Une tête (taie) **d'oreiller** ;

Les fonctionnaires vous renvoient de Canif à Pilote et de Pilote à Canif (de Caïfe à Pilate) ;

Il n'y a plus aucun ordre, c'est une vraie monarchie (anarchie) ;

Les œuvres de bienséance (bienfaisance) ;

Il a une voix de Centaure (stentor) **et elle des yeux de sphinx** (lynx).

On aurait tort – tant au Québec qu'en France – de ne pas se méfier des congénères ou des paronymes qui sont des mots appartenant à la même famille étymologique et qui, à cause de leur ressemblance, peuvent nous plonger dans l'embarras, voire dans la confusion la plus totale, qu'elle soit graphique ou orale. Il suffit de mentionner promiscuité et proximité ; la laine et l'haleine ; l'essieu et les cieux ; qu'on presse et compresse ; férir et fait rire ; l'arrêt et la raie ; jambon et gens bons, pour imaginer les situations les plus grotesques.

Ces pièges des ressemblances peuvent parfois être particulièrement traîtres, pour ne pas dire vicieux, comme ce fut le cas dernièrement, dans un reportage présenté sur une chaîne de télévision de Montréal :

Le moment est pathétique et tous les Québécois sont à l'écoute, bouleversés. Ils cherchent à connaître l'état de santé du chef du Bloc québécois[*], confiné au bloc opératoire. Grave, le journaliste prend le micro pour annoncer : « Nous venons d'apprendre des autorités médicales de l'hôpital Saint-Luc que M. Bouchard est toujours **entubé** ! »

---

[*] Bloc québécois : parti politique fédéral.

« Intubé » eût été plus juste. Alors, que fait-on ? On efface tout et on recommence ? Désolé mon gars, on était en direct ! Du coup, l'**entubé** n'est pas celui qu'on pense. Ce serait plutôt **çuikildikilé** !

Si les mots (maux) approximatifs font le malheur des uns, il arrive qu'ils fassent le bonheur des autres. Tel est le cas de Béru, le héros de San-Antonio, et du champion de la dislocation des mots, le merveilleux Marc Favreau, mieux connu sous le nom de Sol, qui, depuis des années, « traversouille » la francophonie comme « un écurieux », pour « déblatérer ses sornettes » de « manière mérancolique » et « pèranoïaque », comme un vrai « chef d'entrecrise ». Ami des « rétracteurs en chef », « les pieds dans une paire de scandales », l'irrésistible « monologueur » arrive à nous faire croire qu'en français il n'est peut-être pas indispensable de toujours avoir le mot juste. Dans son cas, on comprend souvent un peu plus qu'on ne l'aurait compris si la langue avait été bien respectée.

Pour les rares lecteurs qui ne le connaîtraient pas encore, voici un bref exemple de sa prose :

« [...] mes parents ils étaient pas riches les pôvres
ils étaient comiquement faibles
je peux pas dire que j'ai grandi entre parenthèses
[...] quand la substance sociale
elle venait à la maison
elle nous disait toujours
c'est passeque vous mangez pas assez
faut manger
[...] vous avez besoin de calorifères...

[...] j'a jamais été instructionné
c'est pas ma faute
quand j'étais tout petit
j'a suivi seulement les cours
de récréation

et après
il paraît que l'école
c'est secondaire...
alors
ensuite
j'ai même pas eu la chance d'aller à l'adversité
[...] je me voye entrer à l'adversité
ouille alors
d'abord j'aurais passé lexgamin d'entrée
[...] je serais pas arrivé là
en faisant mon frais de scolarité
c'est sûr
[...] j'aurais pris le droit
le droit d'aller derrière le barreau
[...] j'aurais fait des plaidoyens esstrardinaires
des plaidoyens à l'emporte-piastre[20] ! »

Slip, slip, slip, hourra !

Le magasin *Eaton* de Montréal, c'est connu même des touristes, permet à ses clients de retourner, en tout temps, tout achat dont ils ne seraient pas entièrement satisfaits à condition que le délai soit raisonnable et la marchandise, en bon état.

De passage au Québec, un de mes amis français s'était acheté une casquette dont, trois jours plus tard, il n'arrivait plus à supporter la couleur.

Je lui conseillai de rapporter le couvre-chef et d'en réclamer le remboursement.

Jusqu'ici, l'étonnante pratique de la reprise des marchandises, qui faisait pourtant la réputation du magasin depuis des lustres, laissait mon ami sceptique.

— J'ai besoin de voir pour le croire! me dit-il d'un air soupçonneux.

L'occasion lui étant fournie, l'acheteur n'hésita pas à se rendre au magasin avec sa casquette caca d'oie sous le bras.

— Voilà, dit-il à la vendeuse, j'ai acheté cette casquette chez vous il y a trois jours mais elle ne me convient pas. J'aimerais vous la retourner contre remboursement. Serait-ce possible?

— Aucun problème, lui dit l'aimable vendeuse anglophone... bilingue. Est-ce que je pourrais voir votre *slip* (coupon de caisse)?

— Vous voulez que je vous montre mon...?

— Bien oui, si je ne vois pas votre *slip*, je ne peux pas vous rembourser... C'est normal! Non?

Le règlement semblait clair et cruellement culotté.

Eût-il deviné que la demoiselle demandait simplement à voir sa preuve d'achat, le cher homme n'aurait jamais exhibé, devant tout le monde, ce que la malheureuse ne souhaitait même pas voir en privé...

Quand on vient de loin, il n'y a pas que le vocabulaire pour créer un pataquès, il y a aussi les coutumes que l'on imagine (parfois à tort) être différentes.

Et dire que Jacques Cellard a déjà affirmé qu'«on ne peut vraiment pas dire qu'aucun Québécois n'est jamais compris par aucun Français[21]».

À ce propos, je ne saurais taire plus longtemps cette conversation au deuxième degré qu'ont eue à Paris deux amies.

La Québécoise : Et ton mari, comment va-t-il ?
La Française : Mon mari ? Il s'est **tiré**[*] !
La Québécoise : Avec quoi[**] ?
La Française : Tu ne le croiras pas : avec un gros **pétard**[***] !

Ou cette autre :

La Québécoise : Mon mari est en or !
La Française : Le mien est **en tôle** !

Ou cette dernière :

La Française (en versant un champagne n'ayant pas subi la deuxième fermentation) : Aimez-vous les **bruts** ?
La Québécoise : À vrai dire, je préfère les sentimentaux...

On a beau parler le français, la règle veut que la bonne compréhension entre Français et Québécois dépende de la définition que chacun donne aux mots échangés.

George Bernard Shaw se plaisait à répéter que les États-Unis et la Grande-Bretagne étaient deux nations divisées par une langue commune. «Rien ne nous sépare d'eux, sauf la langue !» disait-il. La remarque s'applique aussi à la France et au Québec. Tout Québécois ayant parlé à des Français (et inversement) pourrait témoigner des innombrables malentendus que cette langue commune ne cesse d'occasionner aux malheureux cousins séparés par un océan de différences.

---

[*] Il s'est tiré : il est parti (France) ; il s'est tué avec une arme à feu (Québec).
[**] Bien entendu, dans les circonstances «avec qui» aurait été plus juste.
[***] Gros pétard : gros derrière ou gros revolver.

Q... comme dans Québec

Si vous êtes Français, que vous avez été élevé dans la langue française (peut-être même dans la religion catholique et dans l'amour des pauvres), ne croyez surtout pas que votre langue maternelle sera nécessairement bien comprise par tout le monde dans la vaste francophonie. Vice versa et versa vice...

Si vous allez au Québec pour la première fois, sachez, dès le départ, comme le dit Anne Hébert, que :

> « La langue que l'on parle là-bas en ces steppes neigeuses où broutent l'orignal et le castor est demeurée miraculeusement archaïque et savoureuse. [...] C'est encore le XVIIe là-bas ; **moé, toé, fret, dret, la langue du roé, quoi**[22] ! »

Supposons que pour vous rendre à Montréal vous ayez choisi Air Canada.

Supposons aussi que, pour conserver un souvenir plus durable de votre voyage, vous décidiez de chaparder discrètement une petite cuillère du plateau dans lequel on vous a servi votre repas. Dans ce cas, si vous entendez le steward annoncer au micro : « Merci d'avoir **volé** Air Canada », n'allez surtout pas imaginer que vous avez été démasqué et encore moins que vous êtes invité à récidiver en empochant d'autres pièces du bord. Ces remerciements, qui pourraient prêter à confusion, n'expriment rien d'autre que la gratitude de la compagnie envers les passagers ayant choisi d'effectuer le vol... transatlantique avec un avion de ses lignes (très recommandables, par ailleurs).

Une fois arrivé au Québec, monsieur, si vous êtes invité à un copieux buffet, et Dieu sait s'ils peuvent être gargantuesques (Jules Verne les compare aux chutes du Niagara[23]), il serait plus prudent que vous vous absteniez de vous esclaffer : « Qu'est-ce qu'**on va se mettre !** » Vous risqueriez de faire rougir toutes les convives et vous accréditeriez du même souffle la légende voulant que les Français ne pensent qu'à… ce que je pense.

Si, au cours de cette réception, une femme dit galamment à quelqu'un, en vous regardant : « Je ne connais pas ce monsieur, j'aimerais être **introduite** », sachez qu'elle veut tout simplement être présentée.

Et si votre ami québécois vous avoue avoir un **mal de bloc** parce qu'il a **brossé** toute la nuit, ne sautez pas à la conclusion qu'il s'est dépensé à faire autre chose que boire copieusement et qu'il souffre d'une céphalée typique des gueules de bois des lendemains de la veille. Le mot « bloc », compact et pesant, peut d'ailleurs être apprêté à plusieurs sauces. On pourra dire : « Nous avons tous fait **bloc** pour la bonne cause » ; « Nous sommes allés voter en **bloc** pour le Bloc, c'était juste à un **bloc** de mon **bloc appartements** ».

Pour apaiser la faim, rien de tel qu'une **pointe de tourtière** (morceau de tourte à la viande), une **poutine** (pommes de terre frites, sauce brune et fromage en grains) ou, tout simplement, une bonne tranche de pain frais qui ne risquent pas de vous **coûter un bras** ou **les yeux de la tête** (trop cher). Si on vous propose du **pain de fesse**, n'allez surtout pas le refuser sous prétexte que vous ne mangez pas de ce pain-là. C'est du bon pain. Vous ne serez pas déçu. Des fesses, il n'en a que la forme.

Si, par contre, le copain vous propose d'aller **prendre une bonne brosse**, sachez qu'il a envie de **picoler**, c'est-à-dire de boire, avec vous. Rappelez-vous que vous êtes au Québec, pas en Belgique où le même verbe est utilisé pour dire que l'on souhaite non pas s'humecter… mais sécher. Notez que dans la patrie du Manneken Pis, **brosser un cours**, c'est sécher un cours !

Revenons dans la Belle Province, dernier rempart de la francophonie en Amérique du Nord.

Pour étancher votre soif, vous vous rendrez peut-être à la taverne ou dans une brasserie. La bière canadienne est excellente. Chez vous, vous avez l'habitude de commander une **bière pression**? Dans ce cas, au Québec, demandez une **bière en fût** ou carrément une *draft* (prononcez « draffe »). Si vous insistez pour avoir une bière en bouteille, il se pourrait que l'on vous prie d'être plus précis... et que l'on vous demande :

— Vous voulez une **tablette**?

Dans ce cas, n'allez surtout pas croire que vous avez été mal compris et que le garçon va vous apporter une partie d'étagère ou une tablette de chocolat. Par **tablette** il entend une bouteille prise sur une tablette, à la température de la pièce. En d'autres termes, une bière chambrée plutôt que frappée...

Il y a une légère nuance dont il faut se souvenir cependant en parlant de tablette. Si le mot s'emploie à propos de la bière, le mot **tabletté**, lui, s'applique plutôt à un fonctionnaire du gouvernement en pénitence. Toujours payé mais mis à l'écart à ne rien faire, il moisit ainsi, comme le ferait un vulgaire objet sur une tablette. Ce sort lui est généralement infligé en mesure de sanction par une nouvelle administration dont il ne partage pas l'option politique.

Quand, au Lac-Saint-Jean, vous entendrez dire : « Regarde, **les puputes sont sorties** », restez calme. Vous ne verrez pas un groupe de femmes débauchées mais des orteils à l'air.

Si on vous propose un **roteux**, ne sautez pas au plafond. Vous n'êtes pas en France où ce terme est employé pour parler du champagne. Ici, il désigne un hot-dog.

Pour en revenir à la bière, si vous avez une préférence pour les blondes, il vaut mieux éviter de demander au serveur :

— Auriez-vous une **blonde** à me proposer?

Bien que les blondes (bières) canadiennes soient délicieuses, les hommes emploient ce terme surtout pour parler de leur petite amie, leur **régulière** qui peut parfaitement être brune, rousse ou blonde.

Si on vous précise que le restaurateur chez qui vous allez manger est **licencié**, ne concluez pas qu'il a été limogé. Ne pensez pas non plus qu'il est titulaire d'une quelconque licence universitaire si sa vitrine annonce qu'il est **détenteur d'une licence complète**. Apprenez qu'il bénéficie simplement d'un permis de servir l'alcool. Ce qui, dans un pays où la vente de boissons alcooliques est contrôlée par l'État, est un atout non négligeable.

Supposons qu'on vous demande de **chauffer le char**, n'allez surtout pas penser que votre compagnon est frileux. **Chauffer**, c'est conduire. Mais, dans ces circonstances, une règle s'impose : il ne faut jamais **chauffer** quand on est **chaud** (ivre) !

Supposons encore que vous teniez le volant et qu'un policier vous interpelle et vous demande vos **licences**. Dans ce cas, sachez qu'il ne réclame de vous ni vos diplômes universitaires sanctionnant la première année de vos études du second cycle, ni vos autorisations d'exploiter quelque brevet d'invention. Il ne saurait qu'en faire. En parlant de **licences**, il n'a pas non plus spécialement en tête des idées que la morale réprouve. Non, rien de ce qui aurait trait au caractère licencieux n'intéresse ce représentant de l'ordre. Ce qu'il veut, c'est voir les **enregistrements de votre char**, c'est-à-dire votre **carte grise** à laquelle vous joindrez, sans qu'il ne vous le demande, votre permis de conduire.

Si votre auto est en panne, ne vous réjouissez pas trop vite lorsque vous verrez écrit le mot **dépanneur**. Rien à voir avec un professionnel du dépannage de véhicules. Il s'agit d'une petite épicerie de secours. Si par malheur vous avez un chagrin d'amour, ne vous précipitez pas dans cet établissement qui s'affiche sous le nom de *Dépanneur D'Amours*. Son propriétaire, un certain M. D'Amours, ne saurait vous consoler qu'en vous vendant de la bière, du lait ou un billet de loterie.

Voici un autre renseignement qui pourrait sans doute vous éviter de **la misère**. Quand vos hôtes québécois vous promettent **une bonne paire de claques**, ne pensez pas que votre conduite mérite une correction ou que vous avez une tête à ça. C'est généralement la remarque que l'on fait aux touristes étrangers mal outillés pour l'hiver et qui ne portent pas de **couvre-chaussures**... ou de **pardessus** en caoutchouc pour protéger leurs souliers contre la boue, la neige ou, si vous préférez, la *slush* (mélange de neige et d'eau). Si vous en avez votre claque, vous n'avez qu'à vous procurer des bottes. Elles sauront protéger adéquatement vos pieds des intempéries trop fréquentes hélas en ce merveilleux pays qui, comme le chante Gilles Vigneault, « n'est pas un pays, c'est... l'hiver ».

Ne vous précipitez pas galamment vers l'escalier si jamais une femme vous propose de **prendre une marche** avec elle. Comprenez que son désir est beaucoup moins insolite. Elle ne souhaite que faire une petite promenade à pied avec vous. Si vous êtes à la campagne, il se pourrait qu'elle vous suggère d'aller chercher des **cocottes**. Dans ce cas, pas de panique : il ne s'agit que de pommes de pin ! Par contre, si vous êtes en ville et qu'elle vous donne rendez-vous chez elle en vous informant qu'elle habite au **premier étage**, alors attention ! Sachez qu'elle demeure au **rez-de-chaussée**. Si vous deviez frapper à la porte de l'étage au-dessus, vous risqueriez de **frapper un nœud** (être face à une grosse difficulté) car, pour les Québécois comme pour les Américains, votre premier est leur **deuxième**. Une telle

dérive est à éviter à tout prix si l'on ne veut pas passer pour un ectoplasme, un zombie ou tout simplement passer à côté d'une belle occasion d'approfondir la connaissance des langues.

Tout cela peut paraître confus mais il y a plus extravagant encore !

Si un homme vous dit, la mine radieuse, qu'il vient de s'offrir **une bonne botte**, ne concluez pas qu'il sort de chez le bottier et ne lui demandez pas de vous expliquer pourquoi il n'en a pris qu'une. Comme de mal entendu, parler de botte au singulier en affichant un sourire triomphant relève ici de la sexualité et non de la cordonnerie !

Non, vous n'êtes pas au bout de vos peines ! Dans ce beau pays où trois siècles après son introduction le dollar s'appelle encore **la piastre** (prononcez « piasse ») et où « le mot a des relents de colonialisme rance[24] » vous irez de surprise en surprise. Surtout si on vous invite à une **épluchette de blé d'Inde** (maïs) où vous ne devez pas vous attendre à trouver la moindre trace de blé d'Asie méridionale.

Et si vous avez l'occasion de participer à une **partie de sucre**[a], vous dégusterez du sirop d'érable authentique qui, vous le verrez, n'a rien de commun avec le vulgaire **sirop de poteau**[b] servi encore trop souvent, hélas, par certains commerçants peu scrupuleux et irrespectueux du touriste.

---

a. Partie de sucre : fête qui se tient dans une *cabane à sucre*, au printemps, lors de la récolte de la sève des érables, au cours de laquelle on déguste les produits de cet arbre typiquement canadien.
b. Sirop de poteau : sirop d'érable trafiqué.

S'il y a eu du gel en avril et si la sève des érables a bien coulé, vous vivrez alors des moments inoubliables à la **cabane à sucre** où l'on vous fera goûter avec fierté des **bines**[c] et des **oreilles de Christ**[d], du **sucre d'érable** et l'inimitable **tire**[e], caramélisée à même la neige, à condition bien sûr que vous soyez prêt à **licher la palette**[f]!

Soyez prévoyant! Si vous ne voulez pas manquer de sous avant votre expédition, prenez la précaution de vous arrêter à la banque pour **casher**[g] votre *traveller's cheque*. On ne sait jamais.

Il faut que vous sachiez également que le système métrique n'a jamais réussi à s'implanter totalement au Canada. Il arrive donc souvent que l'on parle de gallons et non de litres, de milles et non de kilomètres. Les vieilles habitudes ne se perdent pas aisément. Les pouces, les pieds et les verges sont donc encore très répandus. Et c'est souvent là que les chemins de la francophonie... divergent! Une verge (0,91 mètre) équivaut à trois pieds. Conclure de ce fait qu'un Québécois qui prend son pied ne prend qu'un tiers de verge serait totalement faux dans la pratique, même si mathématiquement le calcul est indiscutable.

En d'autres termes, pour bien se faire comprendre dans la francophonie, il faut prendre soin de partir du bon pied (celui qu'on va prendre ensemble) et surtout bien... baiser ses mots.

Si le boucher, chez qui vous irez acheter un steak pour le **faire sur le barbecue**, vous demande: «Comment épais le voulez-vous? **Cinq huit** ou **trois quarts**?», ne croyez pas qu'il vous prend pour un **épais**[h]. (**Un épais dans l'plus mince**[i].) Il

---

c. Bines (*beans*): haricots blancs.
d. Oreilles de Christ (prononcez «criss»): tranches de lard bien rôties.
e. Tire: confiserie semi-liquide qu'on obtient par évaporation de la sève d'érable.
f. Licher la palette: lécher la spatule de bois pour déguster la tire.
g. Casher: encaisser.
h. Épais: (prononcez «épâ»): idiot, imbécile.
i. Être épais dans l'plus mince: être vraiment épais.

s'informe parce qu'il sait que plus on les prendra épais, meilleurs ils seront (les steaks!).

Pour en finir avec les pouces, les pieds et les verges, rappelons que c'est au Sénat du Canada, à Ottawa, qu'œuvre le haut fonctionnaire du gouvernement appelé officiellement « gentilhomme huissier de la Verge noire[*] ». Le brave homme (le poste n'est pas accessible aux femmes) est chargé d'ouvrir le pas aux membres de l'auguste assemblée quand celle-ci se réunit. Sa tâche consiste plus précisément à accompagner le président du Sénat de son bureau à la chambre où se déroulent les travaux durant lesquels l'officier reste confortablement assis, la verge posée à ses côtés.

Son instrument est considérable et de couleur noire. Il n'a rien à voir, on s'en doute, avec l'organe de copulation. Il s'agit plutôt d'une sombre crosse ornée d'une petite couronne royale qui, contrairement au bâton pastoral des évêques, n'est pas recourbée en volute et qui, tout comme celle des ecclésiastiques, ne sert strictement à rien d'autre qu'à parader. Ce qui donne à cet homme un air légèrement... évêché.

Durant votre visite au Québec ne soyez pas étonné de rencontrer beaucoup de saints. Dans ce beau pays, jadis très catholique, la toponymie a beaucoup puisé son inspiration auprès d'hommes et de femmes qui ont, paraît-il, mené une

---

[*] En anglais : *Gentleman Husher of the Black Rod*.

vie exemplaire en tous points conforme aux lois de la morale et de la religion. Sainte-Catherine, Saint-Georges, Sainte-Marguerite, certes, mais aussi Saint-Tite, Saint-Anaclet, Saint-Herménégilde et Sainte-Appolline. Beaucoup de villages portent des noms bibliques qu'une piété abusive a élevés sur les autels : Saint-Nil, Saint-Moïse et Saint-Noël. Sur quelque 2 000 noms de villes et villages, près de 700 ont été tirés, sans trop de douleur, du martyrologue. Les noms officiels de certains petits villages sanctifiés ont été tellement allongés qu'on a dû se résigner à les raccourcir. Exemples : Sacré-Cœur-de-Jésus-de-Crabtree-Mills, Notre-Dame-Auxiliatrice-de-Buckland, La-Présentation-de-la-Très-Sainte-Vierge-de-Jacques-Cartier ou Cœur-Très-Pur-de-la-Bienheureuse-Vierge-Marie-de-Plaisance et Saint-Stanislas-de-la-Rivière-des-Envies (!).

Et si jamais vous passez par Sainte-Rose-du-Nord, située au nord de Montréal, sachez qu'il n'y a pas tant de lustres que ça cette localité portait encore le nom de Descente-des-Femmes! Le curé, qui n'avait pas trouvé le nom assez religieux, le fit changer pour Sainte-Rose.

Le tout baptisé dans le plus grand respect de la loi religieuse et des règles de la toponymie, surtout celle de la langue française.

Mais ce qui risque d'étonner encore davantage le touriste, ce sont les dénominations de certaines entreprises, si bien qu'on se demande si elles possèdent les mêmes dictionnaires que tout le monde. C'est notamment le cas pour Condotel, Édu-con* international, Aérocon, Lavacon, Télécon, Conrail, Cono Construction, Consec ou Les Érecteurs canadiens... limitée.

---

* *Éduquons! Éduquons!* interpellait le slogan lors du lancement de la « Cinq » (nouvelle chaîne de télévision française), en France.

Ajoutez à cela *Le Centre du beigne* (c'est-à-dire le trou), *Le Centre du pneu*, *Le Centre du sein*, *Le Centre du poulet frit* (rien que le centre?) et la *Boucherie du Sacré-Cœur* (de Jésus, bien entendu).

Késsaveudire?

Tout Français fraîchement débarqué au Québec a besoin d'une certaine période d'acclimatation pour apprendre à désigner les choses de la façon dont elles sont désignées par l'aborigène. Il doit impérativement apprendre qu'un **bazou** est une **chignole** ou une **tire délâbrée** et que, vu son état, la **minoune**, qui est un vrai **cancer** (une véritable ruine), peut **mener du train** (faire du bruit). Son *top* (sa capote) peut être **magané** (en mauvais état), son **miroir** (son rétroviseur) **déviargé** (abîmé), ses roues même pas **balancées** (équilibrées) et ses **pines** (boulons) peuvent sortir de partout du *body* (carrosserie).

Il faut savoir que, en règle générale, le propriétaire d'une telle voiture s'est fait **enfirouaper** (rouler) par une **sacrament de grosse torche** (une mégère), un **maudit enfant de nananne** (un sacripant, un salaud) ou par un **calvaire de grand fanal** (un grand maigre dont on ne doit pas penser grand bien). C'est **ben de valeur** (bien triste) pour lui, mais il est évident qu'il s'est fait **passer un sapin** (s'est fait berner) par un vendeur **ratoureux** (rusé). **Icitte** (ici) comme de **l'aut' bord**, les vendeurs ne sont souvent que des **péteux de broue** (ceux qui parlent beaucoup sans dire grand-chose) qui **content des pouilles** (racontent des bobards) à leurs clients. De toute façon, ce ne sont que des **deux de pique** (pas brillants). Il n'est jamais recommandé de faire des affaires avec eux. Ils vous changent **une piastre pour quatre trente sous** (un dollar contre quatre 25 cents). On sait toujours comment ça finit: on fait **touer** (remorquer) l'auto et on la **dompe** (largue) à la *scrap* (à la ferraille).

Qui a dit que les francophones regardaient tous la vie à travers la même lentille ?

En arrivant à Montréal dans les années cinquante, Jean Rafa, qui trouvait qu'on y parlait un français très louis-quatorzième, se mit à travailler dans les cabarets. Son numéro consistait à demander à l'assistance de lui souffler des mots que le populaire **chansonnier*** réussissait à faire rimer entre eux en les incorporant dans des chansons-express légèrement égrillardes mais toujours de bon goût.

Ce soir-là, pour commencer le spectacle, un client lui proposa les mots **toutoune** (femme très corpulente) et **foufounes** (fesses).

— **Toutoune** et **foufounes** ? Mais je ne connais pas ces mots. Que veulent-ils dire ? demanda-t-il en avouant publiquement son inculture.

— D'où tu viens ? questionna le spectateur étonné.

— De Paris !

— Paris-France ?

— Oui, monsieur !

— Y parlent-tu français là-bas ?

Qu'un homme du peuple ne soit pas très au courant des langues pratiquées au-delà des frontières des boîtes de Paris, passe encore, mais qu'un intellectuel œuvrant dans le milieu de la culture parisienne affiche son ignorance, l'absolution est plus pénible à accorder. C'est pourtant l'expérience que vécut à Paris, il y a quelques années, Arlette Cousture[25], alors qu'un adjoint de Jack Lang, ministre de la Culture (un certain

---

* Chansonnier : artiste parolier, compositeur et interprète de ses chansons (Québec) ; humoriste qui improvise des chansons et des monologues satiriques (France).

M. André X), lui demandait le plus innocemment du monde, au cours d'une réception officielle à laquelle elle avait été conviée: «Vous êtes du Québec? Et dans quelle langue écrivez-vous vos romans?»

Quod erat demonstrandum, autrement dit C.Q.F.D.

Des contes en sous-France

À son arrivée à Paris en janvier 1995, Jacques Parizeau, chef du mouvement souverainiste et premier ministre du Québec, s'est écrié: «La survivance du français en Amérique relève du miracle.» Et pour les Français qui ne croient pas aux miracles, il a ajouté dans une interview: «Quelques millions d'habitants qui parlent la même langue, ça ne disparaît pas du jour au lendemain[26]...» Une chose dont on peut être certain, c'est que ce jour-là le premier ministre ne s'adressait pas aux Québécois pour qui le mot *habitant* est un terme péjoratif, synonyme de **niaiseux** (niais), **épais** ou **quétaine** (qui manque de goût, démodé). Un premier ministre ne parlerait pas de la sorte de ceux qui l'ont élu.

Quoi qu'il en soit, c'est lorsque surviennent les occasions de ce genre que l'on se met à réfléchir sur ce que peuvent bien représenter au juste le Québec, les Québécois et accessoirement la survivance française au Canada français pour les cousins de France.

Pour certains nostalgiques, le Québec sera toujours français!

Le général de Gaulle, l'homme du balcon, n'a-t-il pas lui-même donné le ton lors de sa visite à Montréal en 1967 en nommant «Français du Canada» ceux que l'on avait coutume d'appeler «Canadiens français»?

Pour d'autres, fiers de la grandeur et du rayonnement de leur pays, le Québec demeure «la plus grande communauté française en dehors de la métropole».

Enfin, il y en a pour qui le Québec est tout simplement une ancienne colonie où l'on trouve encore des Indiens et... même (!) les chutes du Niagara.

Et la France, que représente-t-elle au juste pour les Québécois? Un vieux pays, diront certains, où l'on trouve encore de bons fromages, dont beaucoup continuent hélas à être interdits d'importation, et dont le vin, jadis remarquable, est en train de se faire damer le pion par le vin californien.

Par contre, pour ceux que la culture française émeut toujours, la France est irremplaçable. C'est l'opinion de Lise Bissonnette qui, tout en reconnaissant la réalité, estime que la France demeure un parent, un modèle:

> «La culture québécoise est aujourd'hui plurielle, écrit la directrice du *Devoir*, elle s'abreuve où elle veut mais il importe qu'elle continue à trouver en France une source centrale, et qu'elle tire le meilleur de sa prise directe sur un pays-phare, qui est aussi frère[27].»

Plusieurs décennies av. C. de G. (avant Charles de Gaulle), tous les premiers ministres du Québec ont, chacun son tour, clamé bien haut leur indéfectible attachement à la France, à son inimitable culture ou à sa belle langue (mais pas à son accent parisien). Pour nous en convaincre il suffit de plonger dans les archives qui regorgent d'exemples.

Jean-Jacques Bertrand: «Après trois siècles d'enracinement de ce côté-ci de l'Atlantique, il est clair que nous ne sommes plus simplement d'autres Français, mais que nous sommes devenus des Français autres, des Français de l'Amérique du Nord[28].»

Jean Lesage: « Sans aller jusqu'à dire comme Nietzsche: "Je ne crois qu'à la culture française", il me semble que nous ne serons jamais assez reconnaissants à la Providence d'avoir fait de nous un rameau de ce merveilleux tronc français et de nous avoir permis d'emporter la forêt dans notre sève.

[...] Il ne saurait être question pour le Canada français dont le caractère est typiquement naturel et aux antipodes de toute affectation, il ne saurait être question pour le Canada français qui veut respecter son héritage d'encourir un nouveau reproche: celui d'imiter l'accent parisien.

Évidemment qu'on ne doit pas parler comme à Paris! Évidemment que le langage canadien-français doit être différent du langage parisien[29]! »

À cette même occasion le premier ministre Jean Lesage, qui ne veut pas donner sa langue au chat, déclare:

« Une langue mal connue, imprécise, remplie de termes impropres, conduit à une pensée confuse, obscure et vague. La langue est le climat de la pensée. Un vocabulaire mal défini est un redoutable obstacle à l'expression d'une pensée exacte. Il empêche le progrès intellectuel et scientifique. »

Pour se faire une idée encore plus juste de l'opinion qu'ont les Québécois de la France, on doit se tourner vers les littérateurs du pays. Explication:

« Selon un vieil adage dont la fortune a commencé à décliner au début du siècle, dit Yvon Rivard, tout homme aurait deux patries: la sienne et la France.

L'histoire a voulu que nous inversions les termes de cette proposition (tout Québécois a deux patries: la France et la sienne) et que nous vivions ainsi tour à tour l'illusoire intimité du pareil au même et la tragique solitude de la différence.

[...] Car il ne faut pas se faire d'illusion : **perler bien** et/ou sacrer, maudire et/ou adorer la France ou le Québec, c'est s'installer confortablement dans une métaphore, voire une parodie de nous-mêmes.

Les Français parleraient pour ne rien dire [...] alors que notre silence serait l'expression d'une vérité plus profonde, ou, selon l'autre point de vue, notre silence serait le signe d'une indigence alors que leur parole serait la seule traduction possible de la profondeur[30]. »

Quelle idée se font-ils encore de la France ?

« La France, c'est petit : ça nous fait bien rire, écrit René Lapierre. Même pas le tiers du Québec. Des fleuves qui ont à peu près en moyenne la taille de nos ruisseaux, des génératrices électriques aux dimensions attendrissantes, et dans l'ensemble, une technologie tout simplement déprimante[31]. »

Et des Français ?

« Ils sont très vieux, trop vieux, dit encore Lapierre : des petits pépères qui jouent à la pétanque et qui dorment tous les jours de midi à quatorze heures au moins.
[...] Les Français sont faibles et petits, physiquement sous-doués, sexuellement incapables de toute concurrence. Des tapettes. [...]
La Française [...] bien faite et poilue, elle ne se laverait pas. [...] Sexuellement, en fait, les Françaises seraient plutôt vues d'ici comme des ogresses redoutables, variété complexe de mères-amantes poilues, peut-être, mais parfumées chez Dior, ce qui est tout de même troublant[32]. »

Réjean Ducharme, l'un des auteurs les plus populaires du Canada, écrit dans un livre qui a connu un grand succès à Paris :

« Je ne veux pas être français : c'est trop fatigant, il faut être trop intelligent, il faut être trop poli et trop connaisseur de dates de vins, il faut trop parler pour rien, il faut s'estimer trop meilleur que les autres[33]. »

« Moi qui parlais français comme on le parle au Canada depuis que je suis né, dit Roch Carrier, j'ai appris à parler français comme les Français. Les hommes aussi, quand **i'causent, i'ont l'air** d'avoir un bonbon sur la langue. Mais entendre parler les Françaises, c'est beau, c'est plus beau qu'une belle voix d'oiseau qui chante le matin dans les branches, sous une feuille toute fraîche de rosée[34]. »

Allons, une dernière. Elle est de Daniel Poliquin :

« Si tu es un bon Français, tu feras toujours ton chemin dans la vie. Bien parler français, c'est pas seulement se respecter. C'est se faire respecter. Les gens te respectent, ils ont peur de toi, ils te pensent toujours plus intelligent que tu ne l'es en réalité. Et ça t'ouvre toutes les portes.
[...] Quand tu parles, essaie de parler comme un Français, comme un vrai Français. Parle pointu [...] ; les gens sont tellement caves, y remarqueront jamais si tu fais des fautes [...]. Prends tout le temps des mots rares, des mots longs, des mots que les gens connaissent pas ; tu vas voir, ça va les impressionner, surtout si y comprennent pas[35]. »

Du côté de la France, les critiques à l'endroit des Québécois ne manquent pas. « Ils parlent mal », « leur vocabulaire est limité » et leur accent « à la limite du supportable », entend-on répéter. Des reproches auxquels ils ont fini par s'habituer et qui, tout compte fait, ne les empêchent pas de vivre (et plutôt bien d'ailleurs).

Il faut avouer en retour que rien ne fait davantage plaisir aux Québécois que de voir les Français faire acte de contrition comme ils l'ont fait dans un numéro spécial du *Canard enchaîné* consacré à la France et dans lequel on a pu lire :

> « Il faut bien reconnaître que nous faisons montre d'une solide maîtrise dans l'art de vouloir donner des leçons à tout le monde, et que notre aimable pays a parfois tendance à présumer de ses forces ou à surestimer sa notoriété[36]. »

Encore ! Encore !

Balzac avait raison : « Si tu continues à te moquer de toi-même, tu pourras bientôt te moquer de tout le monde ! »

Il faut être juste et reconnaître que les Français se soucient de ceux qui ne sont pas Français mais qui partagent leur langue. Le général de Gaulle l'a dit : « Le fait que la langue française perdra ou gagnera la bataille au Canada pèsera lourd dans la lutte qui est menée pour elle d'un bout à l'autre du monde[37]. »

Il faut rappeler à ce propos que, durant son voyage au Canada, en 1967, le général avait prié un haut fonctionnaire de son entourage de se rendre en Acadie et de lui faire un rapport précis sur l'état du français et la lutte qu'on y menait pour la survie de la langue dans ce coin du pays.

Au cours de sa visite, le chargé de mission fit une halte au journal *L'Évangéline* où on l'alerta sur la situation précaire de la publication dont les finances étaient au plus mal. N'écoutant que son courage et la générosité de son pays, le visiteur s'engagea solennellement à voler au secours de ses frères de langue dans les plus brefs délais. L'aide de la France ne tarda pas. Elle arriva sous la pesante forme d'un témoignage de solidarité constitué d'une série de... dictionnaires de la langue française.

La rédaction du journal aurait bien aimé téléphoner ou écrire à l'Élysée pour exprimer sa reconnaissance. Malheureusement, entre-temps, on lui avait coupé le téléphone, saisi les machines à écrire, et il ne lui restait plus un traître sou en caisse pour acheter un timbre.

Dans ces circonstances, quelques chèques auraient peut-être été plus appropriés.

Un parler positivement négatif

On remarquera, si l'on est attentif, que le parler québécois utilise abondamment des locutions négatives. En dénonçant le joual, il y a plus d'un quart de siècle, le frère Untel (Jean-Paul Desbiens) soulignait qu'au Québec « au lieu de dire qu'une femme est belle, on dit qu'**elle n'est pas laide**; au lieu de dire qu'un élève est intelligent, on dit qu'**il n'est pas bête**; au lieu de dire qu'on se porte bien, on dit que **ça va pas pire**, etc.[38] ».

Cette même manie de la litote, qui consiste à dire moins pour faire entendre plus, forcerait Juliette à dire à son Roméo : « Je ne te hais point ! » pour lui faire entendre « Je t'aime ! ».

D'ailleurs, le dernier slogan du grand magasin montréalais *Dupuis Frères*, avant sa fermeture, était : « Pourquoi pas chez Dupuis ? » C'est ainsi que, n'ayant sans doute pas su trouver de raisons suffisamment convaincantes, les clients se sont rués... ailleurs. Eh oui, pourquoi pas ?

Une certaine mode issue du défaitisme a envahi la Belle Province. Lorsqu'on veut faire plaisir à un jeune aujourd'hui et qu'on lui demande : « Veux-tu prendre un Coke ? », il n'est pas rare de l'entendre répondre : « Ça ne me dérange pas ! » Vous ne saurez jamais si ça lui plaît, mais vous serez sûr au moins que le plaisir que vous vouliez lui faire ne l'aura pas dérangé. C'est toujours ça de pris.

À la veille du référendum sur la souveraineté, Pierre Drouilly, professeur de sociologie à l'Université du Québec à Montréal, a fait les mêmes constatations que le célèbre frère Untel, frère enseignant « prolétaire de la sainte Église », 25 ans auparavant. À ce propos, le professeur dit :

« Il y a une tendance chez les Québécois, tendance d'origine normande dit-on parfois, à répondre de façon oblique à des questions pourtant simples. Ne dit-on pas souvent de la température qu'il **ne fait pas froid**, d'un objet qu'il n'est **pas cher** [...] d'un emploi qu'il **n'est pas pire** et enfin, sommet de l'ambiguïté, de toutes ces choses et d'autres encore, qu'elles **ne sont pas à peu près.**

En politique, remarque encore le professeur, les choses ne sont pas bien différentes : les Québécois, depuis le début du siècle, ont manifesté une rare constance dans leur négativisme. Au début du siècle ils ont répondu NON à la prohibition ; en 1942 ils ont répondu NON à la conscription, lors du plébiscite fédéral de 1980 ils ont répondu NON au mandat de négocier la souveraineté-association proposée par René Lévesque ; en 1992, ils ont répondu NON à l'entente de Charlottetown proposée par Robert Bourassa. Nous prenons donc pour acquis que les Québécois répondent toujours NON, et qu'il en sera de même lors du prochain référendum[39]. »

En se basant sur cette certitude, le sociologue a extrait toute la quintessence de l'astuce sémantique pour proposer la question idéale que les indépendantistes devraient poser pour obtenir une réponse négative... qui signifierait un appui positif à la souveraineté du Québec :

« N'êtes-vous pas en désaccord de ne pas nier au Québec le droit de ne pas demeurer un État non souverain associé économiquement avec le reste du Canada ? Oui ou non[40] ? »

Plus limpide que ça, tu meurs !

Mais depuis quelque temps la négation euphémique a également cours en France où l'on entend fréquemment : **c'est pas génial**, **c'est pas triste** ou **c'est pas extra**. D'ailleurs, les Français branchés n'ont-ils pas pris l'habitude de dire à quelqu'un qu'ils trouvent absolument merveilleux que c'est un

crétin absolu ou qu'il est **totalement débile**? De ce vin que l'on trouve délicieux qu'il **n'est pas dégueu**? Soudain, on s'est mis à aimer les contraires à surprises. Aussi n'est-il pas rare aujourd'hui d'entendre dire que c'est **atrocement drôle, terriblement amusant, adorablement laid** ou que c'est **dégueulassement beau**! D'un gratin dauphinois parfaitement réussi on fera un gratin **absolument scandaleux**!

Du coup, si vous entendez quelqu'un dire d'une personne que **c'est une bête**, ne la fuyez pas. La personne ainsi nommée est au contraire très bien.

Dans le français d'aujourd'hui, **ça va faire mal**! signifie que ce sera un grand succès. Et si **ça fait un malheur**, c'est que c'est le bonheur total parce que ça a bien marché. Quand **c'est mortel** ou **bestial**, c'est que c'est magnifique. **Tu m'étonnes**! se traduit désormais par tu ne m'étonnes pas du tout!

La démarche ressemble en somme à celle qui caractérise le verlan. Au lieu d'inverser les syllabes des mots, ici l'on inverse sa façon de penser.

Et comme le dit Alain Schifres, quand on est **adoparisien** (adolescent parisien) et qu'on utilise à tour de bras **nulasse, naze, glauque, craignos, bof**, etc. «être un nul n'est pas si grave que ça[41]!»

Entre les négatifs et les antis, en français, il n'y a d'ailleurs qu'un pas. Raymond Devos l'a bien dit:

«De tout temps, chaque chose a eu son anti.
Un muet, c'est un antiparlementaire. Un athée, c'est un antimoine. Un croyant, c'est antiseptique. Les Arabes du Caire sont antisémites et les sémites sont anti-Caire[42].»

En français, la rencontre du sens latent avec le sens manifeste peut facilement produire des mots comme des visages à deux faces et soit nous placer dans des situations ambiguës, soit nous permettre de nous livrer à de salutaires gymnastiques mentales.

Honni soit qui Mali pense !

Le français vit sa vie au sein de la francophonie qui, aux dernières nouvelles, regroupe toujours 47 États répartis sur 5 continents. Autrement dit, si vous parlez le français, il n'y a pas qu'en France, en Belgique, en Suisse et au Québec que vous aurez l'occasion de vous sentir perdu, il vous restera encore les Antilles et la Louisiane. Sans oublier les pays d'Afrique où l'on parle, en plus du français, quelque 2 000 langues.

Ainsi, si vous caressez le projet de vous rendre en Mauritanie, il vous serait peut-être utile de savoir que certains mots, à consonance pourtant bien française, n'ont pas nécessairement, là-bas non plus, la signification à laquelle vous pourriez vous attendre si vous êtes un francophone d'ailleurs.

La preuve : dans ce pays, si vous commandez une **compote**, on vous apportera un préservatif !

Pendant ce temps, au Val d'Aoste (région autonome de la Vallée d'Aoste, en Italie), la capote anglaise prend le nom de **gant de Paris**.

Et si, au cours de votre voyage en Afrique, vous faites une halte au Sénégal et que vous entendez quelqu'un vous dire : **Je vais faire mes besoins, je serai de retour dans deux heures**, ne concluez pas que le malheureux souffre d'une solide constipation. Il va tout simplement vaquer à ses occupations. Ce qui ne signifie pas nécessairement que sa tâche est moins laborieuse.

Sur ce chapitre, il est bon de savoir aussi que, lorsqu'on voudra aller faire ses besoins naturels à Haïti, on pourra dire **je vais à la commode**. Pour les mêmes nécessités, en Centrafrique ce sera : **aller au fleuve** ; en Côte-d'Ivoire : **aller au bord**, et au Sénégal : **aller en brousse**.

Vaut mieux ne pas ignorer ces petits détails car, à la longue, la jungle finirait par être chiante...

Faut savoir que dans ces contrées éloignées où on le pratique, le français ne ressemble pas nécessairement au vôtre. Sinon comment pourriez-vous vous douter qu'au Zaïre, où l'on ne prise pas davantage les armes qu'ailleurs, quand il est question de les rendre, ce n'est pas d'armes que l'on parle. Dans ce pays, **désarmer** signifie « supplanter un rival auprès d'une femme ».

Et quand, au Bénin (où l'on pratique six langues en plus du français), il est question de **sous-marin**, ce n'est pas d'un submersible qu'il s'agit ni d'un sandwich, comme ce pourrait être le cas au Québec, mais plutôt de l'amant d'une femme !

À l'île Maurice, pour dire qu'on fait l'amour, on dira **on fait malice**.

À la Réunion, en parlant de quelqu'un qui drague, les adultes diront qu'il **vavangue**. Les écoliers, eux, emploieront le même verbe pour dire qu'ils font l'école buissonnière.

Quand une Congolaise vous dit qu'elle n'est pas libre parce qu'elle **fréquente**, n'abandonnez pas la partie! Dans ce pays, *fréquenter* signifie « aller à l'école ».

Au Sénégal, quand on parle de **faire du bouche à bouche**, on n'a pas le secourisme en tête. *Faire du bouche à bouche*, là-bas, c'est « faire du bouche à oreille ».

À Haïti, un petit **vicieux**, ce n'est pas du tout ce qu'on pourrait croire à première vue. C'est un petit gamin gourmand qui se bourre de friandises en cachette.

Autre conseil pouvant avoir son importance pour quiconque a l'intention de visiter le Niger en auto. Ne dites surtout pas: **Je vais au garage** ou **je vais me garer**, tout le monde en conclurait que vous vous rendez au... bordel!

À Haïti, une personne qu'on dit être **bien placée** n'a pas nécessairement une situation hiérarchique enviable. Elle vit simplement en union libre.

Au Bénin, comme au Zaïre et au Rwanda, le **deuxième bureau** n'a rien à voir avec l'espionnage, c'est le terme que l'on utilise pour désigner la maîtresse d'un homme marié.

Dans ce pays, quand vous verrez un homme pressé de vous quitter parce que ce soir-là **il est de nuit**, ne pensez pas qu'il se rend à son travail, surtout si sa mine n'est pas renfrognée. Dans cette contrée, *être de nuit* signifie (surtout pour un polygame) « accomplir son devoir conjugal ».

En tout état de cause, en Afrique, où les philosophies sont très fonctionnelles, la règle d'or est **yaka fokon** (y a qu'à [faire] faut qu'on [fasse]).

En Côte-d'Ivoire vaut mieux être un **groto** (gros tonneau) et avoir réussi avec une **merco** (Mercedes). Là-bas il n'est pas conseillé de **grèver** (faire grève) si on ne veut pas être **déflaté** ou **compressé** (licencié).

Toutefois, après les heures de travail, on peut aller au **maquis** (bistrot) ou faire un tour avec sa **chérie** (petite amie). Le risque évidemment, si on ne prend pas ses précautions, c'est d'**enceinter** la chérie en question, qui – dans ce cas – **aura gagné petit, faute de chaussettes**.

Ma vié (mon vieux, ça alors!), à trop prendre de risques on peut **passer** (décéder) et se retrouver **complètement cadavéré** (mort).

Cela explique peut-être le marasme dans lequel se trouvent les dames de petite vertu qui frappent aux portes des chambres de voyageurs en mal d'exotisme, en annonçant : **C'est l'amour qui passe!**

En cas de malheur, il est d'usage là-bas de présenter **ses bonnes condoléances**, histoire de prouver la sincérité de sa compassion.

Mais comme l'amour ne nourrit pas son homme nulle part, une fois que le **groto** aura été **déflaté** et aura perdu son **deuxième bureau** et sa **merco**, sa vie sera alors **gâtée complet** (fichue). Il lui faudra bien **choser** (faire quelque chose) et le mieux sera pour lui de faire le **moteur banane** (se substituer à une machine, par exemple : tondre le gazon à l'aide d'une machette), pérennité garantie de l'espèce humaine.

Au Mali, lorsque vous verrez un homme perdre patience au restaurant parce qu'il aura **attendu sa soupe** pendant une heure, sachez que son découragement n'a rien à voir avec la lenteur du service. La réalité est plus triste : on lui a posé un lapin. En effet, *attendre sa soupe* signifie là-bas «attendre sa petite amie».

Toujours dans le même pays :

Question : Je me demande ce que peuvent bien faire Julie et Jacques en ce moment ?
Réponse : **Ils font !**
Traduction : Ils font l'amour !

«Tout le monde le fait, fais-le donc !» pérorait pendant des années le slogan de CKAC, une station de radio montréalaise dont les ondes n'atteignaient pas, fort heureusement, la république du Mali, sans quoi on aurait pu l'accuser d'incitation aux exercices plumardiers.

Voilà qui est *fair... play* !

Il est indiscutable que le verbe s'est fait cher à la langue française. Comment ferait-on sans lui ? *Faire* se fait à toutes les sauces : **On se fait une toile ? Veux-tu qu'on se fasse une bouffe ?** Céline Dion **fait** l'Olympia. Renaud y **fait un malheur !** Je te parie qu'**il se l'est faite...**

«Bouge pas, **t'es faite !**», dira-t-on au Québec.

Rien de tel que **bien faire et laisser braire**.

Comme on dit, **il faut le faire !**

Que doit-on faire alors quand, au Mali, on vous dit : «Faites comme chez vous» ? Et que pensent donc de vous les Maliens lorsque vous leur avouez que vous êtes un *self-made-man*, c'est-à-dire que vous vous êtes «fait vous-même».

À l'île Maurice, un *self-made-man* s'appelle le «fils de ses œuvres».

Quant au plaisir solitaire, les Haïtiens lui ont trouvé un nom : **Dieu seul me garde !**

Au Québec, il y en a qui, en parlant de la même pratique, disent : **Dieu seul me voit !**

Quand, en France, on dit d'une personne qu'**elle fait jeune**, on parle de quelqu'un sans rides. Quand on le dit au Mali, cela signifie qu'elle est précoce...

Finalement, vaut mieux ne pas s'en faire.

Lorsque, dans cette contrée, il est question de **coup d'État**, il n'y a pas lieu de s'inquiéter outre mesure, à moins que l'on ne soit celui qui s'est fait chiper sa petite amie.

Ici, **garcerie** veut dire «bordel». Quant à **bordel**, c'est le mot que l'on emploie pour dire «dragueur».

Mieux vaut ne pas avouer ouvertement au Cameroun, où en plus du français il existe une centaine de langues vernaculaires, que l'on est **sportif**, que l'on **fait du sport** régulièrement et que l'on ne vit que pour ça, car c'est précisément de cette manière que l'on désigne quelqu'un qui serait très porté sur... les ébats amoureux.

Au Zaïre, les femmes natives de la capitale de la Grande-Bretagne doivent s'abstenir de proclamer haut et fort leurs origines. L'aveu prêterait à équivoque car dans ce pays une **Londonienne** n'est rien d'autre qu'une prostituée.

God save the Queen!

Toujours au Zaïre, où une **tu viens** est une femme facile, lorsqu'on parle de **porte**, on peut parler effectivement d'une porte ou encore d'une amante que l'on visite brièvement entre deux... portes.

Ne vous offusquez pas si l'on vous propose une **tapette** ou un **sentimental**. Au Mali, ces deux synonymes n'ont rien à voir avec les homosexuels. Ils désignent des chaussures en cuir à bout pointu. Dire que c'était déjà assez compliqué avec **souliers**, **godasses**, **grolles**, **pompes**, **savates**, **bottines**, **baskets**, **tennis**, **tatanes** et **écrase-merde**...

Dans certaines contrées francophones, et en particulier en Afrique, si vous ne voulez pas que l'on vous **indexe**[a] (qu'on vous montre du doigt), prenez garde à la manière dont vous vous exprimez. Les gens pourraient se rendre compte que vous êtes un **débrouillé**[b] (personne qui parle mal le français) et que

---

a. Côte-d'Ivoire, Niger, Sénégal.
b. Mali.

vous **lancez des chameaux**[c] (vous faites des fautes de langage) ou peut-être même des **chameaux à deux bosses** (des fautes très graves).

Dans ce cas, on ne devrait pas **se cirer les airs**[d] (se vanter). On n'est jamais trop prudent!

Si vous n'avez pas beaucoup d'argent mais que vous désiriez malgré tout visiter le Cameroun, ne vous adressez pas à un **long crayon**[c] (un intellectuel). Voyez plutôt un **politique**[c] (un débrouillard); il vous trouvera à coup sûr le **tétanos**[c] (auto rouillée) qui fera votre affaire. Il ne vous restera plus qu'à vous arrêter dans une **essencerie**[h] (station-service) ou, si vous avez faim, à une **dibiterie**[h] (troquet qui vend des brochettes de viande grillée). Vous n'aurez même pas besoin de payer d'**avocat**[e] ou de **sac à ciment**[e] (pot-de-vin). Après tout, c'est mieux que de **piétiner**[e] ou de **prendre le train de onze heures**[f] (aller à pied), surtout si vous êtes **constipé**[g] (enrhumé).

Si vous êtes célibataire et esseulé, la prudence sera de mise, car parfois on est mauvais juge et, sans le savoir, on peut tomber sur une femme qui fait partie de l'ATZ (Assistance technique zaïroise: prostitution). De toute façon, il faut toujours prévoir une protection si on ne veut pas risquer de **fusiller**[h] une femme (la mettre enceinte) et se retrouver avec une **balle perdue**[i] (un enfant né hors mariage) ou, pire encore, attraper le sida. Faut se souvenir que dans tous les pays les **ambassades**[j] (lieux de rencontres galantes) sont des lieux à très grand risque!

Si, au cours de vos déplacements, vous avez la chance de rencontrer une femme belle et respectable, pas une **taille-vent**[k]

---

c. Dans plusieurs pays africains.
d. Cameroun.
e. Zaïre.
f. Niger.
g. Cap-Vert.
h. Sénégal.
i. Togo.
j. Zaïre.
k. Réunion.

(une femme légère), attention au **coup de soleil**[l] (coup de foudre). Ce sont des choses qui arrivent lorsqu'on passe son temps à **chercher le marché**[i] (courir les filles). Par les temps qui courent, les **cahiers de roulement**[d] (filles volages) sont plus nombreux qu'autrefois.

Essayez d'être sérieux dans vos démarches. Évitez de **donner de l'avance**[m] (relations sexuelles avant le mariage). Si la tentation est trop grande, souvenez-vous que l'amour rend aveugle, ça devrait vous faire passer l'envie...

D'autre part, si l'idée saugrenue vous prenait de devenir **polygame**[n], sachez que vous pourriez le faire dans la plus totale impunité même si vous êtes **marié-marié**[o] (réellement marié) parce qu'au Liban un polygame n'est pas autre chose qu'un garde du corps!

Est-ce après un voyage en Afrique que Talleyrand a dit: «La parole a été donnée à l'homme pour déguiser sa pensée»?

Êtes-vous heureux de parler comme tout le monde?

Décidément, avec le français rien ne pourra jamais être simple parce qu'on n'arrête pas de pinailler. Vous avez dit **pinailler**? Tiens, voilà encore un terme qui pourrait prêter à équivoque, surtout si vous l'employez au Tchad où il prend un sens on ne peut plus explicite et signifie «faire l'amour à une femme».

Après ça, comment ne pas penser au titre de cette pièce de théâtre de Michel Garneau: *Quand je te parle d'une chose je te parle d'autre chose*? Et comment ne pas être pris de panique chaque fois que l'on ouvre la bouche en français?

Dire que, 15 ans avant qu'il ne devienne secrétaire perpétuel de l'Académie française, Maurice Druon écrivait sans sourciller que «le français est la langue avec laquelle l'homme ne peut pas tromper l'homme».

Eh bien, mon pauvre Maurice!

---

l. Haïti.
m. Rwanda.
n. Liban.
o. Tahiti.

L'idiome du village

Rien ne vous empêche d'aller faire un tour en Suisse ou en Belgique où le français ne devrait pas faire problème. Du moins, c'est ce que vous croirez jusqu'au moment où les locaux découvriront que vous **talmatchez** (parlez une langue étrangère). Dans ce cas, rien ne sert de faire **la pote** (la moue) ou de **tufler** (sacrer). Vous verrez qu'en Suisse, plus qu'ailleurs, mis à part ceux qui marchent **pian-pian** (lentement), les gens osent **béder** (faire l'école buissonnière) comme partout. C'est pourtant le pays rêvé pour se mettre **à la chotte** (à l'abri) parce que les Suisses ne sont pas des **piorneurs** (grognons). Ils ne font jamais la guerre. Ils ne font que **se royaumer** (se pavaner) pendant que, dans les autres pays, par ces temps **démarmalés** (détraqués), il y a de plus en plus d'êtres humains qui **fioulent** (boivent), qui **goliardent** (boivent beaucoup) et qui finissent leur vie **apondus au guillon** (ivrognes). C'est une cause perdue. On n'**apigeonne** pas (n'attire pas par des paroles séduisantes) ce genre de personnes pour qui les meilleurs arguments ne sont que des **batoillages** (bavardages) faits en français, certes, mais ce français universel ils le comparent à un **panosse** (chiffon) tout **tacounné** (rapiécé), à **boclon** (sens dessus dessous) et **naisé** (imbibé de taches) d'anglais!

Au Québec, les **animelles** s'appellent des **amourettes**. En Belgique, elles portent le nom de **chosels**. En France, quand on parle de **fraise**, on ne parle pas nécessairement du fruit du fraisier mais peut-être de la tête de quelqu'un, à moins qu'il ne s'agisse d'abats de veau. C'est à voir. Mais surtout pas chez le dentiste!

En Suisse, où l'on est généreux, on sait **donner une bonne main** (pourboire). Pendant ce temps, au Québec on **demande une bonne main… d'applaudissements**. On donne ce qu'on peut, même si on peut peu!

Ne changeons rien, l'uniformité n'apporterait que l'ennui aux **quantophrènes** et **transdimensionnels** que nous sommes, ainsi que nous appellent les **psycho-lexico-néologues**, qu'ils soient suisses, belges, québécois, français ou africains.

Cessons de nous **embarrasser les bagouzes** et de nous offusquer lorsque quelqu'un nous dit, en Belgique, qu'il ne jette jamais ses **vidanges** mais qu'il les laisse dormir pendant plusieurs semaines, voire plusieurs mois, dans son placard de cuisine avant de les rapporter à l'épicerie. Inhabituel et malsain ? Que non ! Le mot *vidanges* signifie là-bas « bouteilles consignées ».

Lorsque vous entendez un Belge vous dire fièrement qu'il vient de se payer un **quartier**, ne concluez pas nécessairement qu'il se vante. Un quartier, pour lui, n'est qu'un appartement.

Et s'il vous dit que vous **battez le beurre**, rien à voir avec la crèmerie. C'est qu'il trouve que vous êtes à côté de la question.

Si le même ami vous réclame un **drap**, pas de panique, il ne veut qu'une serviette de toilette.

Et s'il cherche désespérément un **pistolet**, sachez qu'il n'a envie que d'un petit pain. Un **bonbon** pour lui est un biscuit sec, un **chicon**, une endive et un **filet américain** ne se mange pas autrement que saignant pour la bonne raison que c'est un steak tartare.

Le cœur vous dit de manger une omelette au lard ? Rien de plus facile : commandez une **fricassée** !

C'est comme ça, chez les Wallons ! Une **aubette** est un kiosque à journaux, une **farde**, un dossier, un **navetteur**, un automobiliste, et une **fille en purette** est une fille en bras de chemise.

Quelle purée !

Parlez-vous LES français ?

Charles Quint avait coutume de dire qu'il parlait italien aux femmes, espagnol à Dieu, anglais aux marchands, allemand à son cheval et français aux hommes.

Dans son temps, il n'y avait peut-être qu'une seule langue française mais, depuis le temps, elle n'a pas cessé de faire des petits.

Valère Novarina a beau affirmer que «le français est la plus belle langue du monde, parce que c'est à la fois du grec de cirque, du patois d'église, du latin arabesque, de l'anglais larvé, de l'argot de cour, du saxon éboulé, du batave d'ox, du doux allemand et de l'italien raccourci[43]», il n'y a pas qu'un seul français! Il y en a beaucoup: le français conventionnel, non conventionnel, le parler branché des jeunes, le parler câblé, le langage intello, les vocabulaires spécialisés et scientifiques, régionaux, et enfin extra-hexagonaux (québécois, belge, suisse, antillais, africain). Le pire, c'est que toutes ces variétés de français se nourrissent entre elles.

En somme, lorsqu'on défend le français, on défend le plurilinguisme.

Henri Mitterand remarquait à ce propos qu'«un vigneron de Bourgogne dispose de plus de mots pour parler de son métier que Racine pour analyser les égarements du cœur[44]». C'est dire!

Si l'on doit se fier à un récent sondage de la SOFRES, un Français sur deux ne connaît aucune langue étrangère, même imparfaitement. Une autre étude indique par ailleurs que, sur 500 grosses entreprises d'Île-de-France, 30 % ne peuvent être approchées dans une langue étrangère. Tout tend donc à prouver que le Français n'est pas doué pour les langues.

Pourquoi?

L'une des explications possibles se trouve probablement dans la langue française elle-même. En effet, langue vivace, généreuse, riche, inventive et expansive, elle s'offre à toutes sortes d'usages et de créations. Qu'on pense seulement au vocabulaire des amateurs d'art, des antiquaires, des marchands de tableaux, des aviateurs, des sportifs, des médecins, des psys, des sociologues, des politiciens, etc., et on aura vite fait d'être pris de vertige. Comment prétendre après cela que les Français

ne sont pas doués pour les langues ? Ils en ont déjà trop chez eux, pourquoi iraient-ils en apprendre ailleurs ?

Chaque domaine possède ses conventions et admet difficilement que l'on n'emploie pas le terme qui lui est propre. Les mots **tribord** et **bâbord** vous rappellent des frustrations ? Il revient à chacun d'apprendre à décrypter et à démystifier les mots.

Exemple : à moins de vouloir passer pour un plouc, on ne dira jamais chez un antiquaire qu'un meuble est *vieux* mais qu'il est « ancien ». Nuance !

Pour dire qu'il est *authentique*, on dira qu'il est « bon » ou encore que « c'est pur ».

On évitera aussi de dire qu'il s'agit d'une *imitation*. La terminologie appropriée étant qu'il n'est « pas d'époque ».

Et quand un marchand de tableaux vous tend une toile en disant qu'elle **tient au mur**, ne cherchez pas plus loin. Ce qu'il veut dire, c'est qu'elle fait bon effet ! Si jamais vous trouvez l'œuvre attrayante et souhaitez vous livrer à un commentaire, abstenez-vous de dire que c'est bien composé, vous risqueriez de passer pour un ignorant. Dans ce cas, un vrai connaisseur dira : **Comme c'est inscrit!**

Dans le domaine sportif, c'est la pagaille totale. On trouve là autant de langages différents qu'il existe de disciplines. Tennis, football, baseball, hockey, voile, etc.

Par exemple, lorsqu'un coureur automobile vous dit qu'il a un **fer à repasser survireur**, comprenez qu'il a une voiture lourde qui tourne trop brusquement, et lorsqu'il parle de **vriller le moulin**, il veut dire forcer le moteur à dépasser son régime. D'ailleurs tout le monde sait que dans cette discipline sportive on ne double jamais son concurrent ou sa concurrente : **on les saute!** Ici, c'est celui qui saute l'autre qui éprouve seul un grand plaisir. Ce n'est pas comme en d'autres domaines où l'on veille habituellement à ce que le plaisir soit partagé.

Au foot, on ne dribble pas longuement, **on porte la balle**. Et quand on passe dans le vide, il faut dire qu'**on a fait une toile**.

On n'arrête pas de décoder

Avez-vous déjà essayé de lire un compte rendu sportif? La prose paraît encore plus poétique lorsqu'on n'est pas soi-même un amateur. À titre d'exemple, voici un texte écrit par un envoyé spécial du journal *Le Monde* à la feria de Nîmes :

« Soudain, un Gines Cartagena trop théâtral, d'un écart, d'une inversion de pose, d'une vitesse trouvée, déchire le voile de l'ennui social. Le soleil s'aperçoit. On ne tue plus le temps. Il est retrouvé entre Parménide et Héraclite, entre Pascal et Voltaire, entre Sartre et Bataille[45]. »

Il est évident que pour lire cela (et le comprendre), il faut posséder une connaissance approfondie non seulement du sport, mais aussi des lettres.

Et lorsqu'on met la main sur certaines publications spécialisées destinées aux cyclistes, comme ce numéro spécial de *Vélo tout terrain* par exemple, il ne faut surtout pas perdre les pédales. Voici le texte discoureur en question :

« Oui, nous savons gérer correctement les différents paramètres conjoncturels de cette accentuation de marché en intégrant les données nouvelles d'une fluctuation exponentielle dont nous devrons sans cesse déterminer les limites afin de ne pas tomber dans un excès de productivité qui déborderait un marché de premier équipement déterminé par des données indiscutables (aujourd'hui encore confidentielles) mises en lumière par un panel croisé dont l'avenir nous certifiera la véracité[46]. »

Certes, n'est pas Voltaire qui veut !

Quand il s'agit de lexique spécifique à leur métier, les gens de la couture savent raccommoder les restes. Leur prêt-à-parler n'a rien à envier aux autres. Avec leurs **passepoils**, **pompons**, **mignonnettes**, **gueuses** et **embrasses**, ce sont des modèles du genre. Ils ont toujours le **cochon** (coussin rempli de son) bien en main pour **bourrer les rotoplos** (rembourrer la poitrine), s'occupent des **cyclistes** (gros boutons à pression) et **descendent à cheval sur la rampe** (s'activent pour livrer la marchandise).

Dans l'univers hippique, ceux qui ne font pas attention à leur façon de parler, même s'ils sont français pur-sang, peuvent facilement passer pour des étrangers. Dans ce cas précis, il faut savoir qu'un cheval n'est jamais brun ou marron. Il est toujours **bai** ou **alezan**. Si son pelage (ou son poil) vous séduit, vous devrez impérativement parler de sa **robe** soyeuse. Vous ne parlerez pas non plus de ses pattes (il n'en a pas!), mais de la finesse de ses **jambes** qui, si elles sont blanches, seront nécessairement des **balzanes**. Et si jamais votre cheval a du blanc autour de la **bouche** (et non de la gueule), vous direz alors tout simplement qu'il **boit son blanc**. Supposons que vous n'ayez pas choisi un mauvais canasson et qu'il aborde bien les obstacles, vous direz alors qu'il aborde bien les **crayons**. Et si, par bonheur, la jument n'a pas de reprise de main trop brutale et ne vous surprend pas sur l'obstacle, vous évitant ainsi de monter votre bras en l'air (les vrais cavaliers me comprendront), vous pourrez alors dire fièrement qu'elle ne vous a pas fait **faire l'archevêque**!

Si jamais vous voulez faire monter un cavalier sur ses grands chevaux, dites-lui que vous faites du cheval. Malheur à vous! On ne fait jamais du cheval. **On monte!**

Dans toute cette diversité de langues, où le sens des mots s'égare, il ne faut pas oublier celle du show-business qui a, elle aussi, sa spécificité, même si elle reste passablement vernie par l'anglais. *Play-back, best-of, prime-time, free-lance, jingle, vidéo-clip, non-stop, script, replay, live, hit-parade,* etc. On peut noter que dans ce secteur, formé en majorité de créateurs, se développe une langue à l'infini, des mots qui permettent d'exprimer l'inexprimable. Exemple: quand quelqu'un dit d'une personne qu'elle a **fait un tunnel**, cela signifie qu'elle a «fait une longue digression plutôt barbante».

Quant au mot **saucisson**, qui à première vue est un terme plutôt sympathique d'alimentation, dans le showbiz il désigne «une chanson médiocre» destinée à être consommée (tout comme le hot-dog) par le plus grand nombre.

Les metteurs en scène, faut pas croire, ont, eux aussi, leurs conventions. Mais, rassurez-vous, ils ne sont pas tous toujours aussi hermétiques (espérons-le) que Stanislas Norday qui a présenté récemment au Théâtre des Amandiers, à Nanterre, une adaptation par Henri Müller du roman *Le Ciment* de l'écrivain russe Fiodor Gladkov.

Pour clarifier les choses, il a tenu à donner l'explication suivante :

« Toutes ces difficultés liées à la réception de la pièce – qui associent ici, il est vrai, un texte et une mise en scène – confirment que l'adaptation müllerienne de *Ciment* pour la scène relève à la fois d'un travail intertextuel (entre hypotexte et son hypertexte) et d'un travail contre un discours monologique sur l'histoire des sociétés socialistes[47]. »

Voilà qui est très clair.

Proudhon disait que le flux du discours était toujours en raison directe de la pauvreté de la pensée.

À vrai dire, le français, c'est encore plus compliqué que cela. Surtout quand certains savantasses butinent à plaisir dans le lexique poussiéreux du latin pour nous servir des *sine qua non, statu quo, mutatis mutandis, ad hoc, ad valorem, a posteriori*, et autres *ex abrupto*.

Henri Mitterand avait bien raison de dire que « la langue française n'existe pas. Ce qui existe ce sont des langues françaises et des usages[48] ».

L'aviation – depuis qu'Ader a inventé le mot avion – possède, outre son propre vocabulaire qui lui permet de voler bien au-delà de l'atmosphère francophone, un alphabet particulier. Ainsi, quand je veux donner mon identité à la tour de contrôle, je dis : *Sierra, Tango, Alpha, Novembre, Kilo, Écho*!

On sait tous que pour se faire comprendre dans les banques, avant de savoir compter, il faut avoir appris à lire. À preuve ce court extrait du *Rappel des conditions d'encaissement* (art. 9 du Règlement des comptes) de la Banque de France :

« La Banque ne se charge pas : des effets classiques sur lesquels figure hors de la zone réservée au tiré accepteur ou à l'avaliste, une mention "sans frais" ou "sans protêt", quelle que soit sa forme, et qu'elle soit ou non signée par le tireur de la lettre de change ou le bénéficiaire du billet à ordre, des chèques libellés dans une langue ou un dialecte régional. »

Si vous n'avez pas bien saisi du premier coup, vous avez le droit de relire une deuxième fois !

Un jour, j'ai reçu d'une banque française un document rédigé dans le jargon suivant :

« S'agissant de la fongibililté de vos divers comptes en un compte courant unique et indivisible, nous aurons à vous approcher pour vous indiquer ce qui résultera d'une telle simplification du contexte opérationnel. »

Quelle joie d'apprendre qu'on simplifie !

Au Canada, la Banque nationale dit : « Laissez-nous vous parler du **REER évolutaux** et du **dépôt SécuriBourse**. »

Oui, parlez-nous-en et faites-nous REER.

Et que dire aussi de la **monnaie scripturale**, du **Dow-Jones**, des **superfiscalités**, des **érosions monétaires**, des **parités fixes**, **flexibles** ou **rampantes**, du **taux de change flottant** et surtout du **taux d'usure** ?

Ça use !

La règle énoncée par Reboux est devenue universelle. Elle a au moins l'incontestable mérite d'être claire : « Le style administratif, dit-elle, doit être par définition incompréhensible ! »

Dans le monde nébuleux de l'autoroute de l'information (que Jacques Toubon aurait voulu baptiser **info-route**), le nouveau vocabulaire ne cesse d'augmenter, tout comme dans la **productique**, la **bureautique**, la **domotique** et la **traductique**.

On **scanne**, on **zappe** et quand on est un fana de magazines et que l'on a soi-même un petit **fanzine** que fait-on ? On **graphzine** ! En rêvant bien entendu d'exposer un jour ses créations à la Fanzinothèque, à Poitiers (la mecque du fanzine en Europe).

La liste des langues spécialisées ne s'arrête pas là. N'oublions pas celle des fanas du Minitel qui, derrière l'anonymat d'un pseudonyme, bavardent entre eux jour et nuit en parlant le **minitelois** ou le **minitelien**, qui n'est pas autre chose pour le profane que du charabia. Voici un bref aperçu des mots de base à connaître :

BAL : boîte aux lettres ;
DGT : Direction générale des télécommunications ;
Envoi : même fonction que SEND en anglais ;
Forum : conversation entre plusieurs abonnés ;
Mot de passe : la clé qui ouvre le BAL ;
PAV : point d'accès vidéotex ;
Pseudo : c'est vous, c'est moi, c'est lui, c'est elle, c'est tout le monde ;
Serveur : logiciel ou programme ;
Télétel : route qui relie Minitel et serveur.

Une langue hyperextrasuper

« Si je recommençais ma vie, je pense que j'aimerais faire carrière dans la publicité », disait Franklin Roosevelt. Mais c'était bien avant que la publicité ne devienne ce qu'elle est : un nid pour le superlatif, l'emphase et la redondance, un lieu où les mots enflent comme des grenouilles, se déforment et finissent par nous faire douter des vertus des produits qu'ils sont censés « vendre ».

La pub, c'est **super**, **hyper**, **extra**, **méga**, **giga**, **ultra** ! Un refuge où le ridicule ne tue plus.

En France, l'esthétique prouve que l'on n'a pas fini d'inventer des mots riches pour mieux maquiller la pauvreté de certains produits. Exemples :

Micro-dépressionnaire (Chanel);
Bio-microsphère (Clarins);
Microsphérules (Lancôme).

Et s'il arrive que vous ne compreniez pas (c'est-à-dire la plupart du temps), on pousse la délicatesse jusqu'à vous expliquer l'inexplicable comme c'est le cas de ce dépliant concocté par Biotherm :

«Qu'est-ce qu'un système liposome?
 Un système liposome est une formule entièrement élaborée à partir de liposomes.»

Vous n'êtes pas content d'avoir demandé?
Et le complexe **bio-protéolévurique**, sait-on ce que c'est? Rassurons-nous, si nous le savions, nous ne serions sûrement pas plus avancés que pour le liposome.
Les créateurs sont partout. Et quelle est la principale fonction d'un créateur sinon, comme son nom l'indique, de créer, même l'embrouille?
Ainsi en est-il de cet éditeur québécois dont, n'eût été son slogan, on n'aurait jamais deviné la vocation: «Guérin, l'éditeur qui édite!»
Les verbeux, eux, inventent des verbes:

«Orangina, ça me **pulpe**!»
«Oui, je **Swatch**, en smoking, *talking, dancing, darling.*»
«C'est **Toubon**! Mais ce n'est pas tout.»
«**Laine-moi**, Berger du nord.»
«Avec Carrefour, je **positive**.»
«**Moquettez-vous**!»
«Je **toastine**, tu **toastines**» (Toastine).
«Je **croq'mince**» (Croq'mince).

Au Canada: «Avec Maxiphone Sprint, **c'est tsigidou mon minou**!»

Vous aimez le poisson mais vous êtes allergique aux arêtes ? Bonne nouvelle : au Canada, la compagnie Highliner propose maintenant des filets de poissons **désarêtés**.

De nos jours, en France, même dans la plus petite des épiceries il est conseillé d'apporter son dictionnaire. Pourtant, on n'est pas assuré d'y trouver l'explication des mots tels que :

Lait remodelé : sans lactose ;
Lait végétalisé : plus de soja que de lait ;
Émulsifiant : qui permet le mélange eau et gras ;
Viande restructurée : déchets de viande artificiellement reconstitués (Bon appétit !) ;
Piécé : prédécoupé ;
Appertisé : en boîte de conserve ;
Naturalité : caractère de ce qui n'a que l'apparence du naturel ;
Exhausteur de saveur : qui améliore le goût (lequel est déjà artificiel !).

Et le **P.E.T.**, comme tout le monde le sait, ou devrait le savoir, c'est du polyéthylène téraphtalate en France, et... Pierre Elliott Trudeau au Canada.

Quand les psys... causent

Et les psys dans tout ça ? Eh bien, voilà un domaine où la complexité et le caractère ésotérique de la terminologie, bien que française, atteint parfois le summum de l'obscurantisme.

On admet, bien sûr, que toute discipline scientifique doit nécessairement créer son langage propre dont chacun des mots a une signification bien précise. Malheureusement, ici plus qu'ailleurs, on nage parfois dans le flou le plus total au point que même les plus grands spécialistes de nos structures mentales se plaignent des structures lexicales de leur spécialité devenue une vraie **jargonophasie***. À ce propos P. Pichot, professeur de clinique des maladies mentales et de l'encéphale, écrit :

> « Depuis longtemps le vocabulaire médical est objet de railleries et source de comique. Il nous a bien souvent été reproché de masquer notre ignorance sous une terminologie imperméable aux non-initiés, qu'il s'agisse du latin approximatif qui permet au médecin de Molière d'ériger en explication la *virtus dormitiva* de l'opium, que ce soit de nos jours ce qu'on a pu dénommer la cueillette dans le jardin des racines grecques. La psychiatrie est probablement la spécialité qui s'est attiré le plus de reproches dans cette perspective et nos collègues des disciplines somatiques déplorent une obscurité qu'ils attribuent, lorsque leur attitude est bienveillante, aux difficultés de la médecine de l'esprit, et parfois avec moins de faveur, à un désir de créer un domaine réservé[49]. »

Les psys ne sont pas les seuls. Les spécialistes de tout acabit parsèment leurs propos de toute une cueillette indigène qui tend à démontrer que ce sont justement les esprits stériles qui sont souvent les plus féconds en paroles.

Voici un échantillon des délectations que nous réservent les psycho-socio-freudo-lacaniens et autres lexico-novateurs tout aussi nombreux qu'intrépides.

L'exposé qui suit est tiré de la *Méthode* du sympathique sociologue Edgar Morin :

> « Le soleil de la complexité au-delà duquel la double articulation devient nécessaire est justement la complexité de

---

* Jargonophasie : altération du langage consistant en un verbiage inintelligible. On l'observe dans les aphasies et les états catatoniques, sous forme de subexcitation ou de déformation de mots. *(Lexique des termes usuels de psychiatrie.)*

l'auto-géno-phéno-égo-éco réorganisation vivante et celle de l'auto-socio-éco organisation humaine[50]. »

Qu'est-ce qu'il disait Molière, déjà ? « On cherche ce qu'il a dit après qu'il a parlé. »

Nous connaissons tous des gens qui n'ont pas grand-chose à dire mais qui le ressassent inlassablement avec le maximum de mots hermétiques.

De toute façon, c'est prouvé depuis longtemps, moins on est facile à comprendre plus on a des chances de passer pour génial. Alors pourquoi se gêner puisque tout n'est que turlupinade, sauf peut-être la cuisine ?

Mais la cuisine, tout le monde le sait sans trop s'en plaindre, se réfugie elle aussi derrière une platée de mots romantico-poético-scientifiques qui nous intriguent plus souvent qu'ils ne nous coupent l'appétit. D'ailleurs, on l'a souvent vu, en gastronomie, plus l'appellation du plat est compliquée, plus le prix à payer est g... astronomique !

Les livres de recettes, même les plus simples, comportent leur petit lexique spécialisé sans lequel aucun profane ne devrait jamais s'aventurer dans la confection d'aucun plat, fût-il le plus banal.

Prenons par exemple le verbe *blanchir*. On a beau savoir qu'il sert à expliquer qu'une personne a été disculpée, qu'une chemise a été blanchie, qu'un pensionnaire a été nourri et blanchi, que l'équipe des Canadiens a blanchi celle des Nordiques (il est arrivé que ce soit l'inverse), et que parfois ceux qui blanchissent l'argent de la drogue risquent de se retrouver dans de mauvais draps, on ne sait pas forcément que, en ce qui a trait à un aliment, **blanchir**, c'est comme dans le monde interlope. Cela signifie « plonger brièvement dans l'eau bouillante ».

Les mots sont masqués. Le vocabulaire est piégé.

Pour un cuisinier **souffler** n'est pas jouer ! C'est sérieux. Tout comme **monder, paner, frémir** (rien à voir avec le froid, la surprise ou la peur) ou **déglacer** (rien à voir avec la fonte de la glace). Ce sont là des verbes attribués à des actions culinaires bien spécifiques. De même que **sauter**, bien qu'il puisse suggérer **passer à la casserole** dans un tout autre domaine (qui concerne plus la trivialité que les ustensiles de cuisine).

Que dire enfin du mot *trousser* qui, comme chacun le sait, signifie « replier les membres d'une volaille à son corps » avant de la faire cuire? En cuisine, il n'est pas interdit d'adresser un compliment bien **troussé**, particulièrement quand un plat est réussi. Cependant, s'il arrive que les mitrons s'aventurent à **trousser** les filles dans la cuisine, en règle générale ils ne s'en vantent pas.

Le poète latin Horace (65-8 av. J.-C.) n'a pas eu à se faire cuisiner longtemps pour dire: « L'usage, arbitre souverain, règle et loi suprême du langage. » Bravo Quintus Horatius Flaccus!

Il y a aussi une règle élémentaire aux fourneaux: quand on veut faire revenir le client à sa table, il faut s'appliquer sans relâche à bien **faire revenir** la viande et les légumes avant.

Quant au jargon fleuri des œnologues, qui ont de la cuite dans les idées, il est loin d'être triste, lui aussi. Il suffit pour cela d'écouter un taste-vin parler des principales composantes d'un vin pour ressentir sinon un petit complexe d'infériorité, tout au moins un sentiment d'exclusion.

Pour ces connaisseurs, un vin peut se révéler **complet, équilibré, harmonieux, racé, bien constitué, bien en bouche, généreux, distingué, élégant, charnu, charpenté, ample, long, court, bref, mordant, nerveux, brutal**, ou même **hargneux**.

S'ils le trouvent sur son déclin, ils diront de lui qu'il a **le chapeau sur l'oreille** ou que **son bonnet dégringole**. Si, au contraire, ils trouvent que sa saveur et ses arômes éclatent comme un feu d'artifice, ils décréteront qu'il **fait la queue de paon**.

Ils clameront bien haut que tel vin a **de la cuisse** ou **de la jambe, de la fesse** ou **du corsage** et que tel autre a rien de moins qu'**une belle chute de reins**!

« Et pourquoi pas du slip, quant à faire ? » demande Chantal Lecouty qui connaît ses vins sur le bout de la langue (française).

Selon elle, « tout ce charabia pédant n'a qu'un but (comme tout langage volontairement ésotérique) : faire croire au néophyte que l'on appartient, soi, à une élite d'initiés. Fi de la valetaille béotienne[51] ! »

Au nom de tous les néophytes, nous te rendons grâce Chantal !

Dans ma longue quête des lexiques spécialisés, je ne voudrais pas oublier la langue (anglo-française) des drogués où un *toxicomane* (c'est-à-dire un *addict*) est appelé un **A.D.** et une *overdose* une **O.D.** Un mauvais voyage après un abus de drogue est un ***bad trip*** ; un vendeur est un ***pusher*** ou un ***dealer*** ; la drogue est de la **came** ; une cigarette de marijuana est un **joint**, etc.

En politique, tout le monde le sait, les paroles dépassent souvent la pensée, quand elles ne se gardent pas de l'exprimer... Les politiciens, qui savent parler pour ne rien dire, ont aussi leur jargon obscur, nébuleux, rempli de beaux mots impressionnants, prometteurs et ronflants qui, s'ils ne sentent pas la prétention ou le déjà-entendu, puent l'usure et la magouille[52].

En voici un souriant exemple puisé chez Bernard Landry, vice-premier ministre du Québec : « Le Québec possède l'extension internationale de ses autonomies intérieures[53]... »

Disons, pour sa défense, que le ministre avait oublié que, comme le conseille Ludwig Wittgenstein, « tout ce qui doit être dit, doit être dit clairement ; et ce dont on ne peut parler on doit le taire ! »

« Ce qui se conçoit bien s'énonce clairement. »

La politique est en même temps l'un des lieux privilégiés où poussent et croissent les plus belles lapalissades, comme celle du général de Gaulle qui a fait un jour cette merveilleuse remarque à laquelle on doit applaudir :

« Si la France n'était pas ce qu'elle est, c'est-à-dire la France, tous les Français seraient des étrangers. »

Et vice versa.

« Si on veut connaître fondamentalement une langue, dit Pierre DesRuisseaux, il importe de connaître les expressions, les locutions et comparaisons particulières dont la signification ne ressort pas d'emblée pour l'*outsider*[54]... »

Cela dit, j'ai eu beau chercher un terme plus français pour *outsider* dans le *Dictionnaire des termes officiels de la langue française*, je n'ai trouvé que dalle. Ils doivent y travailler...

CLIC, CLIC, CLIC, HOURRA...

Ajoutons à cette liste, qui est loin d'être exhaustive, la dernière-née des langues, celle de l'informatique qui, avec son fulgurant développement, mériterait bien un énorme dictionnaire à elle toute seule.

> Quand on me parle d'**ordinateur**
> Je suis envahi par la peur
> Pour moi le **disque dur**
> C'est quelque chose d'impur
> Les **bits stéréo** et les **icônes**
> Ça affecte mes neurones
> Il ne faut pas me parler de **megs**
> J'en deviens bègue
> C'est pire avec l'**Apple Share**
> Ça esquinte mes coronaires
> Au moment d'**initialiser**
> Je pourrais tout briser
> Éloignez-moi du **curseur**

Ou je pleure
Ne me forcez pas à **cliquer**
Je serais foutu de restituer
Quand vient le moment d'**éjecter**
Tout pourrait se gâter
Au moment de **formater**
J'ai l'air hébété
Les satanés **scanners**
Me foutent l'urticaire
Quant aux **windows**
C'est la couperose
Tous les **CD-ROM**
M'assomment
Devant l'**interface**
Je fais la grimace
C'est idem avec les **modems**
Si vous m'en parlez je blasphème
À propos... au ciel,
En ont-ils des **logiciels** ?

Oui, je sais, il y a aussi *l'Internet* (où il ne sert plus à connaître l'anglais) avec ses *Config PPP, Mac PPP Status, Netscape, Web Crauler, Usenet, E Mail,* etc.

Pour finir, il reste à mentionner le *français des M.D.E.* Il s'agit d'un français dont la principale caractéristique est de faire monter l'adrénaline de tous ceux qui essaient de le décrypter. Une langue où l'on reconnaît parfois des mots français dont la disposition cacologique fait davantage penser à une ratatouille.

Mélange de petit-nègre, d'asiatique et de charabia, elle nous vient de Taiwan, de la Chine continentale, des Philippines, quand ce n'est pas de Thaïlande ou de Hong Kong. Le *français des M.D.E.*, c'est celui des modes d'emploi des produits importés justement de ces pays.

Voici quelques exemples de cette langue.

Désopilant ? Débile, oui !

Felicitation, vous chooser un telephone tres exitement nouvelle telephone electronique "COMPUTRON PERSONAL PHONE" le beau production pour ARROW TRADING CO., INC.

Trait:
(1) un memoir system
(2) 12 presser bouton
(3) un muet (*) bouton
(4) pause rappel bouton
(5) B/M Ratio: 2 : 1 (Break/make)
(6) D.P. Rate: 10 p.p.s. (rappel pulse)
(7) I.D.P.: 800 m.s. (Inter Digital Pulse)
(8) 16 Digit rappel numero capaciter
(9) measurmaut: 18 x 6 x 3.5 (cm)
(10) masse: 8.5 oz.

Le telephone il tres petit et beautiful petit masse et nouvelle trait a possible pour astranique electronique.

Ringer,
Le telephone ne Ringer pas il avoir electronique musique et tres plessir sonner.

Automatic ON/OFF ouvrir
Le telephone d'equiper de ouvrir dans la spring, que le telephone action de livre, le ressart quittez Automatique.

Recai Bouton
que vous avoir fair tart coup de telephone, ou vous avoir trompe, il ne necessiter pas pour placer le telephone avec 'hang up' simplement presser rappel Bouton et continue presser pour petit second et relacher le bouton.

Rappel Bouton (#)
vous avoir fair tant de telephone simplement presser (#) Bouton et le telephone automatique.

Deux chemin pour placer de Computron Personal Phone
Le telephone specialment dessin pour placer sur plat surface, ou pour penrede muraille vous savir emploi le base il forniture avec vous pour emploi pour "hang up" le telephone.

Soin,
plastique dans la telephone possible ov cleaner avec humide cloth (ne noville pas) Ne user pus le spirit fluide et solide fluide.

Serait-ce la soupe du Chaperon rouge ?

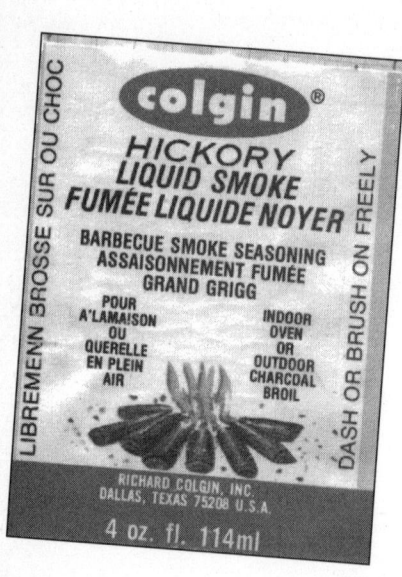

Quand la Maison France parle le français comme une vache espagnole.

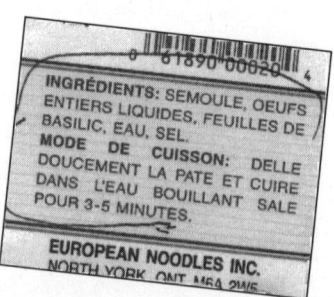

Et que dire alors de cette consigne de sécurité (!) distribuée sur un vol turc entre Paris et Istambul :

> « On ne peut pas boire sont vendues dans l'avion. À l'Équipe de cabine. On ne peut pas donner d'alcool aux personnages puis sont petits de 18 ans et puis sont ivrogne. »

Hips ! Y a-t-il un pilote (sobre) dans l'avion ?

Julian, mon petit-fils de neuf ans, m'a dit un jour : « Moi, je sais parler plein de langues, mais en français ! »

Il a raison le petit franco-polyglotte. Tout baigne !

Quand les Français ne parlaient pas français

Le journaliste et historien québécois Jean-Claude Germain se fait une joie de clamer à la ronde que ce ne sont pas les Français qui ont parlé le français les premiers !

C'est tout aussi vrai, dit-il, que l'église Notre-Dame (de Montréal) est une copie de la cathédrale Notre-Dame de Paris. Pour la langue, c'est l'inverse ! Voyons plutôt :

> « Au moment de la fondation de Montréal, en 1642, le français n'est la langue officielle de la France que depuis cent ans. C'est la langue du pouvoir royal, de l'administration civile et des gens instruits.
>
> Dans la vie courante, la réalité est autre. Le français n'est parlé et compris qu'à Paris, dans l'Île-de-France, les pays de la Loire, la Champagne et la Bourgogne.
>
> Partout ailleurs, autant être muet. La raison ? On s'exprime dans d'autres langues.
>
> Pas de patois, comme on dira plus tard, des langues autonomes dont les principales sont le breton, le basque, l'alsacien et l'occitan. En Nouvelle-France, la majorité des

colons provient des provinces françaises. Le français s'impose donc naturellement et immédiatement comme la langue d'usage.

[...] En 1886, le français n'est toujours pas la langue maternelle de la majorité en France. Sur 39 millions d'habitants, seulement 14 millions d'entre eux ont le français comme langue d'usage.

Le gouvernement de Jules Ferry s'attaque à la francisation. Il impose l'enseignement du français avec l'école obligatoire. Dorénavant, tous les villages posséderont deux notables bilingues, le curé et l'instituteur. La progression est sûre, mais lente.

En 1930, 17 millions de Français, dont 14 millions d'Occitans et un million de Bretons parlent toujours autre chose en plus de la langue nationale. Dans la vie de tous les jours, le français ne s'imposera complètement qu'après la Deuxième Guerre mondiale. Le Québec avait pris de l'avance. Il a réalisé son unité linguistique trois cents ans avant la France[55]. »

Champagne (français) pour tout le monde, Jean-Claude !

Une langue : des rides !

Il en est des mots comme des êtres. Ils ont leur vie. Ils naissent, vieillissent et meurent. J'en veux pour preuve les mots comme **phonographe**, **transistor**, **machine à écrire**, **dactylo**, et beaucoup d'autres qu'on finira par oublier définitivement.

Au commencement était le mot **manuscrit**. Avec le progrès nous est venu le mot **tapuscrit**. Aurons-nous droit maintenant à **ordinascrit** ?

Par les temps qui courent, lorsqu'un pétrolier s'échoue en laissant échapper sa précieuse cargaison dans la mer, on peut être assuré de retrouver des oiseaux **mazoutés**[56] sur les rives.

À Hydro-Québec, l'eau qui est passée par une turbine des centrales hydroélectriques s'appelle de l'eau **turbinée**.

Quel turbin pour les lexicographes...

Même la **cassette** d'Harpagon n'est plus ce qu'elle était du temps de Molière.

La **puce** a pris de la valeur et on trouve plus souvent les **souris** collées aux ordinateurs qu'aux souricières.

Peut-on seulement imaginer l'étonnement d'une personne décédée il y a une centaine d'années et revenant miraculeusement à la vie aujourd'hui quand on sait qu'à côté des mots frappés d'invalidité ou carrément disparus il s'en trouve quantité d'autres auxquels on a attribué de nouvelles fonctions? Voici des exemples[57]:

> **Académie**: maison close. «Allons-nous à l'Académie ce soir?» (Le Vallois);
> **Accueillir, parler**: coïter;
> **Assassiner**: importuner, assommer. «Ils ont pour vicieuse coutume d'assassiner les gens avec leurs ouvrages.» (Molière); «Nous étions, l'année passée, assassinés de chenilles.» (Mme de Sévigné);
> **Baiser**: rendre visite ou s'embrasser (Molière). «Vous avez donc baisé toute la Provence.» (Mme de Sévigné); «Il est constant qu'elles se baisent du meilleur cœur.» (J.-J. Rousseau);
> **Bander**: tendre, irriter;
> **Bordeau**: bordel;
> **Bouchonner**: couvrir de caresses;
> **Bouquin**: vieux bouc;
> **Coiffer**: tromper son mari;
> **Crachat**: grade dans la chevalerie;
> **Docteur**: personne habile;
> **Embarrassée**: femme célibataire qui attend un enfant;
> **Ennemie**: femme qui refuse les avances;
> **Expédier**: faire mourir;

Feu: ménage;
Fille: prostituée;
Foire: diarrhée;
Intelligence: relation compliquée;
Lacet, zest, bulletin: sexe masculin;
Malotru(e): personne en mauvaise santé;
Mignonne: maîtresse (Ronsard);
Ministre: personne qui exécute les ordres de quelqu'un;
Pollution: masturbation. «Quand il s'agit de pollution, un homme s'y entend pour un homme infiniment mieux qu'une femme.» (Sade);
Poste, bataille, besogne, jeu: coït. «L'éternuement absorbe toutes fonctions de l'âme aussi bien que la besogne.» (Pascal);
Robe: femme dont la conduite est légère;
S'instruire: faire l'amour. «Un jour elle trompa la vigilance de ses gouvernantes et nous nous instruisîmes.» (Diderot);
Verge: baguette magique de prestidigitateur;
Voir: avoir ses règles.

Pour reprendre l'heureuse formule de Morvan Lebesque:

«Il est des mots qui font le trottoir. Ils sont fardés, débraillés et vérolés comme des putains. Ils ne veulent plus rien dire depuis longtemps; ils couchent, simplement, avec n'importe qui[58].»

Les langues françaises de France

Si vous venez du Québec et que vous visitez l'Anjou pour la première fois, vous y apprécierez assurément les beautés du pays, l'hospitalité des habitants et le bon vin du pays.

Il y a fort à parier que votre hôte vous dise:

— Et maintenant mon gars, faut **baiser fillette** !

Traduction : « Il faut boire une demi-bouteille de muscadet. »

Il se pourrait aussi que l'on vous propose d'**étouffer une négresse** ou d'en **étrangler** une. Ne soyez pas choqué et ne voyez surtout rien de raciste ou de meurtrier dans cette invitation qui n'est macabre qu'en apparence. Elle suggère que vous acceptiez de boire avec votre hôte une bouteille de vin rouge. La même idée se cache derrière le projet d'**asphyxier** ou d'**étouffer Pierrot**, sauf que dans ce cas il s'agira de vin blanc...

Si, au cours de votre tournée, vous ne parvenez pas à refuser toutes les invitations, ne refusez surtout pas celle qui vous sera faite en dernier. Elle vous proposera de vous **mettre au wagon** (d'arrêter de boire).

La chance vous a enfin souri mademoiselle. Il a fini par vous inviter à un dîner en tête à tête. Le repas est délicieux, le vin divin. Il est au bord de vous déclarer des choses à l'eau de rose. Il vous regarde d'un air coquin et, le regard mouillé d'intelligence, vous dit : « On devrait **éteindre la chandelle**. »

Attention, le moment n'est suave qu'en apparence. Ne sautez surtout pas aux conclusions (ni dans son lit). Ce serait prématuré. Dans certaines régions de France, *éteindre la chandelle* signifie simplement « vider la bouteille ».

Notez bien que cela ne présage rien de mauvais pour la suite des événements...

Sans toutes ces métaphores, la langue française serait sûrement plus sèche qu'elle ne l'est.

Si vous passez par le Dauphiné-Lyonnais, vaut mieux être prévenu. Une **carotte** est une betterave, une **racine** est une carotte et une **truffe** est une pomme de terre.

Et quand, en Provence, quelqu'un vous prie d'aller déposer votre assiette au **potager**, n'y voyez surtout pas là un prétexte pour sortir dans le jardin. Le potager ne se trouve pas à l'extérieur mais dans la cuisine. C'est la partie située près de l'évier, sur laquelle on a l'habitude de déposer la vaisselle.

Quelqu'un a de l'aspirine ?

Décidément, Murray Ballantyne n'avait pas entièrement tort quand il disait : « Je ne suis pas tout à fait le même homme quand je parle le français. »

Allez donc savoir

Quand un Français vous dit qu'il **bouffe des briques**, ça veut dire qu'il n'a plus rien à manger. Quand il vous demande une **brique**, il peut vouloir dire une pierre artificielle, un million d'anciens francs ou encore un beignet (brick) d'origine nord-africaine avec un œuf à l'intérieur.

Ce que les Français appellent **beignet**, et qui au Québec prend le nom de **beigne**, peut aussi désigner une **baffe** (une gifle) et des **baffes** pourraient être aussi des haut-parleurs.

Tous les farceurs du monde entier savent que le poil à gratter provient du fruit de l'églantier, appelé le **gratte-cul**. Mais pour les Suisses, un **gratte-cul** (ou un **gratte-à-cul**) est un gratte-ciel.

Pour ajouter à la confusion déjà colossale, il faut préciser que lorsqu'on dit d'une personne qu'elle fait son **chemin de croix** (à moins qu'elle ne se trouve dans une église), il faut comprendre qu'elle s'arrête à tous les troquets qui se trouvent sur son chemin pour lever le coude...

Et quand quelqu'un vous confie, l'œil égrillard, qu'il a **ramassé une peinture**, ne cherchez pas d'œuvre d'art autour de vous. L'expression est un aveu dont le synonyme le plus approchant de la réalité serait : Je me suis enivré.

Cela dit, dans certaines régions de France, la vie d'un Québécois pourrait être nettement plus facile, car on peut y entendre encore les mêmes mots qui ont cours dans la Belle Province. Les statistiques de la francité (compilées par Robert Hollier) expliquent cet état de choses. En effet, sur dix de leurs ancêtres du XVIIe siècle, les Canadiens d'expression française peuvent en compter deux qui sont venus de Normandie ou du Perche, deux autres du Poitou et des Charentes (Aunis, Saintonge, Angoumois), un de Bretagne ou du Val de Loire (Maine, Anjou, Touraine, Orléanais), un autre de Guyenne ou du Sud-Ouest, deux (en général des femmes) de la région parisienne. Les deux derniers venaient de Champagne ou d'ailleurs.

En Basse-Normandie comme au Québec, on continue à dire **barrer** pour fermer à clé, **mouver** pour bouger, remuer, et **perron** pour balcon.

En Haute-Bretagne comme au Québec, on dit encore **serrer** pour ranger, **astheure** pour maintenant, aujourd'hui, et **à tantôt** pour à plus tard ou pour à cet après-midi.

— Y a-t-il quelqu'un qui parle français ici ?
— Oui : JE !

Dès son arrivée à l'hôtel, à Paris, qu'elle visitait pour la première fois de sa vie, Fernande, épouse de Fernand Seguin, se dirige vers la réception en lançant un vibrant «Bonjour!»

Le préposé à l'accueil lui répond froidement : *M'sieudam*.

Il est sans doute portugais ou libanais, pense Fernande. Paris est peuplé d'immigrants. La France, c'est bien connu, est une terre d'accueil. Du moins, elle l'était en cette heureuse époque pré-lepénienne.

Les formalités remplies, Fernande monte dans sa chambre. Les voyages sont toujours longs et épuisants. Elle a besoin de se rafraîchir. Dans la salle de bains, catastrophe! Elle ne trouve pas de savonnette. Fort heureusement il y a le téléphone :

— Je n'ai pas de **savon**! se plaint Fernande.

Impossible (même si impossible n'est pas français), le concierge répond :

— Désolée madame, le savon, vous trouverez ça aux Galeries...

On l'a souvent répété à Fernande : les Français ne sont pas des gens pratiques. La preuve, pense-t-elle, pour conserver la fraîcheur de leur savon ils l'entreposent sur la... **galerie**.

Fernande sort et cherche désespérément l'objet de sa convoitise sur le minuscule balcon de l'hôtel. Hélas, pas la moindre trace de savon à l'endroit indiqué. Elle aurait pu le trouver

sans peine dans un grand magasin situé tout près de l'hôtel :
Les Galeries... Lafayette.

Il est prouvé et hors de tout doute qu'un touriste prudent visitant la France doit s'assurer qu'il possède quelques rudiments de l'idiome du pays.

Bonjour la France !

En arrivant à Paris, Roger cherche à téléphoner à sa femme. Malheureusement, le système téléphonique de son hôtel ne permet pas encore d'appels directs de la chambre. Il lui faut passer par la réception. Une opération périlleuse qui aboutit au dialogue de sourds suivant :

— Je voudrais faire **un longue distance.**
— Monsieur voudrait faire quoi ?
— Je voudrais téléphoner à Montréal.
— Où ça ?
— À Montréal, au Canada.
— C'est-à-dire : Marie, Oscar, Nicolas, Théodore, Robert, Édouard, Anatole, Louis ?
— Je n'ai jamais demandé à parler à tout ce monde-là. Je veux juste parler à ma femme, à Montréal !
— C'est bien ce que je dis ! Ne quittez pas. Je vous passe l'inter.
Bzzz... Bzzz...
— Allô, oui. Quel endroit appelez-vous ?
— Le Canada.
— Canada : Célestin, Anatole, Nicolas, Anatole, Désiré, Anatole ?
— C'est qui tout ce monde-là ?
— Vous voulez parler au Canada, oui ou non ?
— Mais oui, mais oui !

— À quel endroit au Canada, monsieur ?
— À Montréal.
— Vous appelez à Montréal ?
— Oui, madame.
— À Montréal, en P.C.V. ?
— Ah, non, Montréal au Québec !
— Pardon ?

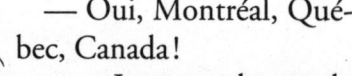

— Oui, Montréal, Québec, Canada !
— Je vous demande qui va payer la communication, monsieur. Pourtant c'est pas sorcier !
— C'est *collect*.
— Colette ?
— Non mais, vous me **niaisez** ou quoi ? C'est un appel à **charges renversées**. C'est assez français pour vous ?
— Je ne vois pas...
— Je vous dis que c'est ma femme qui va payer ! Vous n'avez rien contre ?
— Ah ! Monsieur veut dire que sa femme va payer la communication. C'est bien ce que je disais : c'est un P.C.V. alors ! Ne quittez pas, je recherche l'abonné.

Honni soit qui mal entend !

Lorsqu'un étranger apprend la signification des mots, il ne se trouve pas automatiquement prémuni contre les malentendus que peuvent lui réserver certaines expressions typiquement françaises.

C'est précisément l'expérience qu'a vécue en URSS un homme d'affaires français quelque temps avant l'avènement de la perestroïka.

Travaillant pour une grande entreprise internationale, il eut à se rendre dans la capitale soviétique afin de négocier un contrat concernant l'exportation de blé.

Dès son arrivée à l'hôtel, le brave homme, qui en était à son premier séjour derrière l'infranchissable rideau de fer, s'empresse de téléphoner à sa femme.

Heureuse d'avoir des nouvelles de son mari mais désireuse de réduire les dépenses, sa tendre moitié lui dit :

— Ne parlons pas trop longtemps. Ça risque de te coûter cher !

— Ne t'inquiète pas, lui répond son mari, tu sais très bien que je suis ici **aux frais de la princesse** !

Dix minutes après qu'il eut raccroché, on frappait à sa porte. Deux hommes, en imperméable couleur mastic et à la mine renfrognée, voulaient lui dire quelques mots... en français, avec un fort accent russe. Ce n'est pas tant leurs questions qui terrorisèrent le voyageur que les explications qu'il dut fournir à ses sinistres visiteurs. La scène aurait très bien pu être imaginée par Woody Allen.

— Bonsoir, camarade. Pardon pour vous déranger. Par hasard nous avoir entendu votre conversation téléfon. Notre ligne mélangée avec votre téléfon alors nous avoir entendu, pas trop beaucoup, seulement un petit peu, votre conversation avec une madame. Alors, voilà questions : Vous avoir dit à la madame que vous venir à Moscou « aux frais de la princesse ». Pourriez-vous nous dire de quelle princesse il s'agit ? Vous travailler pour quel pays, camarade ? Nous avoir des moyens pour vous faire parler !

L'étranger qui possède une notion raisonnable du français doute toujours de ses connaissances lorsqu'il entend certaines locutions au sens caché, dont le français est, comme on le sait, abondamment émaillé.

Imaginez quel serait son désarroi s'il devait assister à un échange du genre de celui-ci :

— Dites-moi, comment va votre ami ?
— Maintenant, le pauvre, il est au trente-sixième dessous ! On a découvert le pot aux roses. Figurez-vous qu'après avoir été passé à tabac, il est tombé dans les pommes... Quand je l'ai vu la dernière fois, il rongeait son frein. N'importe qui aurait eu la puce à l'oreille. On voyait bien qu'il était au bout du rouleau. Il tirait le diable par la queue. Il opinait du chef pour un oui ou pour un non. Usé jusqu'à la corde qu'il était. Complètement lessivé. Finalement, quand son associé a fini par passer l'arme à gauche, il s'est mis à travailler au noir. Pourquoi diable fallait-il qu'il mette la charrue avant les bœufs ? Je vous le demande. Ça lui fait une belle jambe maintenant. Vous me direz que ce n'est pas la peine de casser du sucre sur le dos de quelqu'un qui se trouve aujourd'hui dans de beaux draps. Tout compte fait, ce n'est pas un mauvais coucheur. Je crois qu'on ne devrait pas trop s'inquiéter de son sort. Dans le fond, il n'y a pas de quoi fouetter un chat. Je suis sûr qu'il ne tardera pas à reprendre du poil de la bête et, le temps de crier gare, il sera à nouveau plein aux as ! Il reprendra sa vie de patachon car ce qu'il aime avant tout, c'est se la couler douce, se rincer l'œil à l'occasion et... prendre son pied !

Y a-t-il un interprète dans la salle ?

Le français, on peut compter dessus !

Il arrive aussi que les chiffres, qui sont parfois plus éloquents que les lettres (surtout si vous êtes comptable ou banquier), viennent créer confusions, quiproquos, méprises et galimatias dans l'esprit des gens n'ayant pas le bonheur de manier parfaitement la langue de Molière. Voici une petite idée de la manière dont les gens de chiffres ont réussi à investir le vocabulaire du Français, qui n'a pas peur de son... nombre :

— En moins de deux, il est venu me voir, comme un seul homme. Heureusement, parce qu'il était moins cinq ! Vingt dieux ! lui dis-je. Il était temps ! En trois coups de cuillère à pot il m'expliqua que dans toute cette histoire il s'était senti comme la cinquième roue du carrosse. Il était tellement désespéré de ne pas arriver à joindre les deux bouts qu'il aurait souhaité se retrouver six pieds sous terre. On lui avait donné ses huit jours parce qu'il avait osé dire ses quatre vérités et... le mot de cinq lettres à son minable de patron qui dirige un minuscule bureau où règnent quatre pelés et trois tondus. Pour ajouter à son malheur, sa deuxième femme l'a quitté. Jamais deux sans trois ! Elle était fatiguée, paraît-il, de le voir faire les quatre cents coups. Du coup il en a vu trente-six chandelles et s'est enfermé chez lui à double tour. J'ai eu beau lui répéter « une de perdue, dix de retrouvées », il n'y avait rien à faire. Il est convaincu qu'il y a neuf chances sur dix pour qu'il finisse célibataire. Et dans l'état où il est, il ne doit pas faire la bête à deux dos bien souvent. Alors, tu comprends que, côté moral, c'est reparti comme en 40 !

Le... conte est bon ou je vous propose une calculette ?

Il n'y a pas de doute, la terminologie algébrique fait du français une langue sur laquelle on peut compter. Mais c'est aussi, ne l'oublions pas, une fresque bigarrée, une langue colorée qui a permis aux Français de devenir d'inimitables peintres... en boniment :

Parfois, quand ils sont dans la misère noire, ils broient du noir et n'y voient que du bleu. Surtout quand ils mangent une truite au bleu arrosée d'un blanc de blanc. Ils n'hésitent jamais à se mettre au vert, signent rarement des chèques en blanc en vous regardant dans le blanc des yeux et acceptent de se saigner à blanc quand, à la banque, ils sont dans le rouge. Et si jamais vous osez critiquer les Verts ou leur ravir le précieux Maillot jaune, soyez assuré qu'ils seront rouges de colère. C'est écrit noir sur blanc !

Et pendant tout ce temps, le Québécois qui a une **peur bleue** d'avoir **les bleus** (le cafard, le bourdon) boira une bonne petite **Bleue** (marque de bière) et le citoyen de Saint-Pierre-et-Miquelon, lui, attrapera le *black*.

En apprenant le français, l'étranger est souvent étonné de constater la quantité d'associations burlesques que lui offre cette langue. Il entendra dire que « la gauche est souvent maladroite », que « la boutique du coiffeur est rasée par les flammes », que « la victime découpée en morceaux est séparée de son mari », que « l'ambulancier rue dans les brancards », que « le chômeur africain est blême de peur » et qu'« après avoir accouché la maman quitte l'enceinte de l'institution »...

Le sexe pris en flagrant débit

Des expressions d'un autre type reviennent souvent dans la langue française. Mais comme elles pourraient sembler partisanes et tendraient à accréditer la croyance voulant que les usagers de cette langue soient un tantinet portés sur la chose, je ne les illustrerai ici que dans le souci d'être exhaustif.

En écoutant, fût-ce d'une oreille distraite, les interminables palabres qui animent les bistrots parisiens, on est forcé d'admettre que, comme le dit le célèbre commissaire San-Antonio, artificier de la langue verte : « Les Français ne laissent pas tisser paisiblement leur toile sur le siège de leur vertu. »

C'est prouvé, quand les Français parlent de cul, ils y mettent tout leur cœur. Car ils croient que, comme le dit encore San-Antonio, «le cul sans le cœur, c'est un potage sans cuillère».

La richesse expressive de la langue française ne fait aucun doute. Comment pourrait-il en être autrement lorsque, dans le chapitre «sexualité» du *Dictionnaire érotique*[59], on trouve quelque 1 300 synonymes pour dire «coït» et que le sexe de la femme, tout comme celui de l'homme, est désigné par 600 appellations différentes, chacune témoignant d'une imagination fertile. Si bien pourvu, pourquoi donc le Français se tairait-il ?

Il est entendu que, s'il fallait citer tous ces termes dans la modeste section qui suit, **on n'est pas sorti du bois**, comme disent les Québécois, ou, comme on dirait en France, **on n'est pas sorti de l'auberge**. Ces deux expressions, signifiant exactement la même chose, décrivent parfaitement les véritables penchants de chacun. En effet, on se doute bien de ce qui se trafique habituellement dans une auberge (où l'on ne fait pas que dormir). Tandis que la même activité pratiquée dans une forêt glaciale du Canada, où l'hiver dure six mois par an, relève davantage de l'héroïsme que de la gaudriole.

Force nous est donc d'admettre qu'en plus de la tendance qui incline les Français à un certain comportement, le climat du pays n'empêche personne d'**horizontaliser**[60].

Quant aux locutions érotiques, c'est comme dans les chemins de fer : on ne se doute jamais qu'un mot peut en cacher un autre.

Tout est au second degré. Tout s'inverse.

Lorsque quelqu'un dit : j'aimerais donner **un coup de brosse**, comment savoir s'il parle d'un instrument de nettoyage, d'un pinceau d'artiste ou s'il a le coït en tête ?

Même embarras pour les expressions qui suivent et dans lesquelles, si on était prévenu, on sentirait l'embrasement impératif du pré-coïtum. La seule manière de savoir, c'est d'observer une certaine petite flamme égrillarde dans les yeux de celle ou de celui qui l'emploie.

Entrons tout de suite dans le... vide du sujet :

Donner à boire, boucher la bouteille, brûler un cierge, arriver au but, bricoler, faire ses choux gras, chanter un couplet, cogner, danser, donner du plaisir, entreprendre, faire, favoriser, glisser, s'instruire, marcher, se mélanger, mettre au chaud, prier, remplir son devoir, repasser, sonder, tomber, tomber à la renverse, tracasser, travailler, tricoter, venir au choc, venir au fait, etc.

Toutes ces expressions, en apparence anodines, décrivent le coït. La liste, on s'en doute, n'est pas limitative. Elle pourrait s'allonger (c'est le cas de le dire !) à l'infini.

Par ailleurs, madame, si vous ne voulez pas que l'on vous prenne pour celle que vous n'êtes pas, ne dites jamais plus : **Je rentre au bercail.** Ça pourrait vouloir dire : Je suis une professionnelle et je vais rejoindre mes copines dans un lieu spécial où l'on attend le client.

Abstenez-vous de dire :

Avez-vous vu mon **chapeau**, mon **bijou**, ma **boîte à ouvrage**, mon **bonnet à poils**, ma **bague**, mon **cadran**, ma **caisse**, ma **cuisine**, mon **entrée**, ma **fournaise**, mon **histoire**, mon **jouet**, mon **livre**, mon **machin**, ma **place**, mon **petit vase**, ma **sœur**, ma **table** ou mon **tiroir** ?

Ça risquerait de vous mettre dans l'embarras. Tous ces termes, on l'aura compris, décrivent le sexe de la femme.

Et pendant que vous y êtes, évitez également ce qui suit :

J'ai besoin d'une **allumette**, d'une **aiguille**, d'un **animal**, de **ça**, d'une **chandelle**, d'un **clou**, d'un **fax**, d'un **paquet**, d'un **petit bout**, d'une **serrure**, d'un **thermomètre**, d'un **couteau**, d'un **cheval** ou d'une **histoire**.

Ne dites pas non plus : Je mangerais bien un **pain**, un **morceau de viande**, un **radis**, un **poireau**, une **saucisse** ou un **bonbon**.

Tous ces termes signifient ce que vous croyez qu'ils signifient, mais ils désignent aussi autre chose, c'est-à-dire le phallus, le **zob**, la **trique**, le **truc**, ou, si vous préférez, le sexe de l'homme.

Quoi que vous fassiez, si vous parlez français, la connotation sexuelle est inévitable. Vous êtes paniquée ? Dorénavant vous aurez peur d'ouvrir la bouche par crainte de sortir une espièglerie friponne ou d'être mal jugée ? Dans ce cas il n'y a qu'une solution : Mettez-vous à l'anglais.

Si vous êtes en voyage au Québec, monsieur, et si vous entendez une femme vous avouer qu'elle n'aime pas les **bibites**[*] ne tirez aucune fausse conclusion. Par **bibites** elle veut tout simplement parler d'insectes ou de **maringouins** et non d'un pénis de la taille de ceux des enfants.

Pour en finir avec ce sujet sans fin, disons que les expressions décrivant les postures sexe à sexe donnent lieu à des créations syntaxiques dont l'imagination n'a d'égale que les postures elles-mêmes pourtant pas encore inscrites dans le livre des *Records Guinness*. Elles couvrent scrupuleusement les positions debout, assis, à genoux, sur le dos, à la paresseuse, **à retro**, **à dada** ou **en Vénus écuyère**.

Pour parler de folles caresses, les termes embrassent les expressions classiques suivantes qui, comme on le verra, ne manquent pas de poésie, bien justifiée en pareille circonstance : **la conquête des deux hémisphères, la prière muette, les ciseaux chatouilleurs, la double feuille de rose**, etc.

Après l'indispensable introduction vient l'acte :

L'habituelle, la crapaudine, la balayeuse, l'heureux contraste, le bonheur du sage, la pratique, la suppliante, la

---

[*] « Ta pine n'est plus qu'une humble *bibite* indigne d'entrer dans mon entonnoir. » (Anonyme, XIXe siècle, cité dans le *Dictionnaire érotique*.)

double faveur, l'experte, la boudeuse, la divine, l'aimable colis, le harpon, etc.

Bien qu'il s'agisse là de termes qui, pour certains, remontent au Moyen Âge (hé oui, on n'a rien inventé), ceux que propose le commissaire San-Antonio démontrent qu'il y a place pour l'imagination. Le vaillant policier parle, lui :

de **partie de touche-pépites,** de **liaisons à changements de vitesse,** de **vérification de velouté mammaire,** de **séance récréative de main-occulte,** de **tourmentés du sous-sol,** de **pénisman,** d'**annapurner,** d'**arrosage du réséda,** etc.

Et lorsqu'il prend position, il nomme les choses par leur nom :

Autant en emporte le ventre, bien lavé ça resserre, cause-pas-la-bouche-pleine, la brouette japonaise, la chatte sur le toit brûlant, casse-noisette hongrois, la tour Eiffel renversée, le taille-crayon à moustaches, tous les mâtins du monde, papa est de retour, la flûte enchantée, etc.

Pour clore ce chapitre concernant les activités se rattachant au bas de la ceinture, qu'il me soit permis de souligner qu'en France le sujet est présent partout. Il s'introduit jusque dans l'appellation des vins. Il suffit que monsieur pose sa bouteille sur la table avec un sourire entendu, et que celle-ci porte une étiquette enjôleuse, pour que le message s'amorce. L'alcool fera le reste. Parmi ces bouteilles aux noms suggestifs mentionnons : l'excellent bordeaux **Château-Lamourette,** les bourgognes **Les amoureuses** et **Beau-Brun,** le beaujolais bien sage **Saint-Amour** et ces trois autres, carrément plus osés : **Mille secousses** (Côte de Bourg), **Montredon** (Châteauneuf-du-Pape) et **Montre-Cul,** un vin pas dégueulasse qui vient d'un petit vignoble près de Dijon.

Traduction ou contraction ?

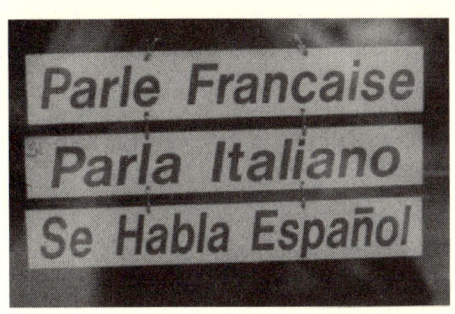

Ouvrons une parenthèse pour préciser que la confusion des termes, le sens caché et le double sens des mots ne sont pas exclusifs à la langue française. Néanmoins, à cause de la gaudriole et de l'esprit gaulois qui teintent parfois leurs propos, on dit que les occasions de penser de travers sont plus nombreuses chez les Français de France que chez les autres. À ce sujet, comment ne pas succomber à la tentation de vous narrer une expérience qu'il m'a été donné de vivre il y a quelque temps à Paris. Les deux films américains que je suis allé voir étaient sous-titrés dans la langue que Chirac partage avec Molière.

Bien que je connaisse l'anglais, je ne résiste jamais à la tentation de lire les textes qui défilent au bas de l'écran, histoire de vérifier sans doute la manière dont le traducteur s'acquitte de sa tâche.

La première production hollywoodienne racontait l'histoire d'un homme qui vivait seul. En décrivant le héros, un personnage du film disait que le malheureux devait faire ses courses lui-même « *because he is a **bachelor*** » (célibataire). Traduction : « Il doit faire ses courses lui-même parce qu'il est **bachelier** » !

Dans le deuxième cas, il s'agissait d'un film policier avec poursuite spectaculaire dans les rues de San Francisco et hold-up dans une banque où tous les employés étaient soupçonnés de complicité avec les malfrats. Le policier chargé de l'enquête entreprend de questionner une jeune, belle et innocente caissière qui, pressée par l'enquêteur, lui dit (en anglais) : « *I don't have anything to do with that. I am only a poor little sucker.* » Le mot *sucker*, pour ceux de nos lecteurs qui ne le sauraient pas, signifie « poire ». Et c'est précisément dans ce sens qu'il aurait fallu l'entendre. Mais comme l'expression dérive du verbe *suck* (sucer), il aurait pu également vouloir dire autre chose. Et c'est cette autre chose que le traducteur a choisi d'inscrire au bas de l'image, ce qui a donné cette réplique plutôt inattendue dans le cas d'un film classé « pour tous » : « Je n'ai rien à voir avec ça. Je ne suis qu'une pauvre petite suceuse... »

Chploung!

J'ai malheureusement oublié le titre du film mais ce sont là des histoires qui ne s'inventent pas.

Comme il a raison, Raymond Las Vergnas, lorsqu'il dit que :

> « Traduire ce n'est pas se borner à faire du mot à mot ou même de la phrase à phrase, c'est trier dans l'abondance des possibilités verbales et syntaxiques qui s'accordent avec les harmoniques du texte. Entreprise hasardeuse, voire téméraire, et qui laisse trop souvent le sentiment d'être resté en deçà de la plénitude. Je n'ai pas trahi mais n'ai-je pas, ici ou là, failli[61] ? »

Les militaires sont parfois, eux aussi, confrontés aux difficultés de la traduction. Ainsi le général Roméo Dallaire, qui était chargé des *briefings* avec les correspondants de guerre sur l'opération Turquoise, à Minuar (Kigali), avait-il épinglé une pancarte sur la porte de la salle de presse, sur laquelle on pouvait lire **Salle de breffage**.

Désarmant.

Bonjour les Français !

En parlant de cinéma, revenons à Roger, notre touriste québécois à Paris.

Pour une fois que le brave visiteur pouvait voir un film français six mois avant ses copains de Montréal, il n'allait pas se priver.

— Monsieur désire?

Roger allait répondre: **aller aux p'tites vues**, mais il s'est retenu. (S'il avait été originaire de Louisiane il aurait dit **aller aux portraits grouillants**.)

— Voir un bon film, dit-il délicatement.

Jusqu'ici tout va bien. Mais ça se gâte quand il ajoute:

— Pourriez-vous m'indiquer un bon **théâtre**?
— Faudrait savoir. Vous voulez voir un film ou vous voulez aller au théâtre?
— Je vous demande de m'indiquer un théâtre où je pourrais voir un bon film.
— Monsieur a de ces exigences... À vrai dire cela me paraît difficile, pour ne pas dire impossible!

Les nerfs du paisible touriste sont sur le point de lâcher, mais comme il a déjà entendu dire qu'impossible n'était pas français, Roger insiste.

— Quoi, il n'y a plus de films à Paris? La télé a fini par tuer l'industrie?
— Mais si, mais si, monsieur! Nous avons d'excellents films en ce moment mais au cinéma, pas au théâtre! explique l'homme, ricanant discrètement.

Ils se séparent sur cette incompréhension. Roger, dont les yeux ont soudain pris l'apparence de deux fentes horizontales, a tout juste la force de dire:

— Merci et... **bonjour**!

Ce à quoi l'homme lui répond avec la légendaire délicatesse de ces Parisiens qui ont toujours quelque chose à vous apprendre:

— Vous voulez dire sans doute **au revoir**?

Voilà qui augure bien du séjour. Regroupant de son mieux les éléments épars de sa dignité, Roger finit par aller s'asseoir à la terrasse d'un café.

— Et pour monsieur, ce sera...?
— Je prendrai une petite **liqueur douce**, dit-il au garçon en empruntant l'air du vieil habitué de la place.
— Pas de ça ici!
— Alors une **boisson gazeuse**.
— Une quoi?

Par bonheur, sur une table voisine, Roger aperçoit une bouteille de Coca-Cola.

— Je prendrai simplement un **Coke**, dit-il avec un air d'insouciance.
— Un...? Je regrette nous n'avons pas ça ici.

Le garçon, qui parle français comme s'il n'avait jamais quitté Paris, devient plus vert que la chlorophylle et précise:

— Monsieur veut sans doute dire un **Coca**?

En guise de protestation, le touriste québécois décide de commander un jus d'orange. Pas si simple que ça.

— Jus d'orange ou **orange pressée**?

Mangeons français!

Comme tout le monde, Roger avait souvent entendu vanter la gastronomie française et n'avait qu'une seule hâte, celle de découvrir les meilleures tables de Paris. Il commit donc l'impardonnable imprudence de demander à un Parisien de lui recommander un bon **restaurant... français**. Celui-ci lui fit remarquer, assez justement, que français, les restaurants l'étaient en majorité, au même titre d'ailleurs que les **cerises (de France)**, le **pain (français)** et les pâtisseries elles aussi de même origine, c'est-à-dire françaises !

L'atmosphère du restaurant où il finit par échouer était charmante. L'accueil, par contre, fut plutôt rébarbatif.

— Ça serait pour **dîner*** ! annonce Roger.

— À cette heure-ci ? sursaute le maître d'hôtel en regardant son bracelet-montre, l'air ulcéré.

Les Français ne mangent peut-être pas aux mêmes heures que nous, se dit le client québécois. Mais comme il ne refuse pas d'apprendre, il s'informe :

— Et à quelle heure servez-vous le dîner ici ?

— À partir de 20 heures, monsieur ! Monsieur aimerait peut-être réserver ?

— Et maintenant, vous servez quoi, je peux savoir ? questionne Roger dont l'intonation ne recèle plus trace d'amabilité.

— Maintenant nous servons le **déjeuner**, monsieur !

Le déjeuner à midi ? Ils doivent se lever drôlement tard les Parisiens, se dit Roger éberlué.

Il a fini par apprendre comme tout le monde que tout cela n'était qu'une question de sémantique. Quand les Québécois prennent leur déjeuner, les Français prennent le petit déjeuner, quand les premiers dînent, les seconds déjeunent et quand les Québécois soupent, les autres dînent. Pour simplifier sa vie de touriste, Roger finit par dire, aux heures des repas, qu'il voulait

---

* Dîner : de l'ancien provençal *disnar*, « faire le repas du matin ».

Déjeuner : « Cliton n'a jamais eu, toute sa vie, que deux affaires, qui sont de *dîner* le matin et de *souper* le soir. » (La Bruyère.)

« À onze heures et demie, on sonnait le *dîner* que l'on servait à midi. » (Chateaubriand.)

« Au *dîner*, notre déjeuner d'aujourd'hui. » (François Bayrou, *Le Roi libre*, Paris, Flammarion, 1994.)

tout simplement... manger. Ce qu'il réussit à faire sans peine et souvent de manière remarquable.

La découverte de la bonne cuisine française, dont il n'oubliera jamais la succulence, et celle des chiottes à la turque resteront pour lui une expérience inoubliable.

Comme en France rien n'est jamais simple, il lui est arrivé de vivre des moments plus mémorables que d'autres. Tel fut le cas le jour où il a découvert un charmant petit restaurant dont la spécialité était le **bifteck-pommes frites**. Le mariage de la viande avec des pommes – frites, de surcroît – lui parut autant osé qu'inattendu. Il décida donc de tenter l'expérience. D'habitude, Roger mange son steak **médium**. Première complication. On peut le lui servir saignant, **à point** ou de mille autres façons, mais on ne sait pas le faire **médium**. Il en conclut que le chef est un débutant... Il faut savoir être tolérant. Toujours prêt à vivre de nouvelles aventures, Roger décide donc d'essayer le steak à... *poings* (?). Quel bonheur : il était comme cet intermédiaire entre le monde des vivants et celui des esprits : médium ! Autrement dit : entre saignant et bien cuit.

Il l'a dit à tout le monde en rentrant à la maison, ces fameuses pommes étaient de la poudre aux yeux. Rien moins qu'un attrape-nigaud pour touristes. Il ne s'agissait ni de pommes Macintosh ni de Spartan. Les prétendues « pommes frites » étaient de vulgaires **patates frites**.

Quant à son dessert, Roger ne l'oubliera pas de sitôt. Le menu annonçait : « pomme-couteau ». L'appétissant dessert qui avait fait rêver le client consistait, comme son nom l'indique, en une modeste pomme, servie sur une petite assiette, accompagnée d'un simple couteau permettant au client de trancher le fruit selon sa fantaisie.

Moralité : il ne faut pas conclure qu'en France les mots annoncent nécessairement autre chose que ce qu'ils sont censés décrire. En tout cas, pas toujours...

Le repas terminé, Roger ne s'est pas attardé. Il lui restait encore beaucoup à découvrir dans Paris.

— Garçon, donnez-moi la **note**, dit-il.

— Monsieur veut que je lui donne la note? reprend le serveur ruisselant de ravissement. (On dirait qu'il y a toujours un enseignant qui sommeille au fond de chaque Français.) Monsieur est musicien peut-être?

Légèrement humilié, Roger finit par se rabattre sur un geste éloquent et pratiqué universellement. Muet comme une carpe, il joint donc l'index à son pouce et imite la main écrivant avec un crayon imaginaire. Il y a des circonstances où l'image ajoute beaucoup au son.

— Ah! Monsieur veut dire l'**addition**! s'écrie le garçon comme s'il venait de découvrir la pénicilline.

Revenu au Québec, Roger est quelque peu déphasé. En attendant de savoir qui du Français ou du Québécois parle le vrai français («après tout, le français appartient à celui qui le parle», dit Bernard Cerquiglini[62]), il ne cesse de répéter à qui veut bien l'entendre que les Français savent peut-être faire la cuisine mais qu'ils ne devraient pas se vanter de l'avoir inventée. Il ne manque d'ailleurs pas de preuves pour étayer sa découverte:

> **Steak tartare**, assiette **anglaise**, œuf à la **russe**, râble à l'**allemande**, champignons à la **grecque**, jambon d'**York**, sauce **hollandaise**, ballottine **varsovienne**, escalope **milanaise**, salade **romaine**, omelette **norvégienne**, choux de **Bruxelles**, sardines **portugaises**, charlotte **russe** et café **viennois**, quand il n'est pas **irlandais**.

«Bravo pour la cuisine typiquement française! répète Roger. Franchement, il n'y a pas de quoi se vanter ni en faire un plat!»

Spécialités françaises

Salade romaine

Omelette norvégienne

Café viennois

Oeufs à la russe

Ballottine varsovienne

Charlotte russe

Choux de Bruxelles

Escalope milanaise

Sardine portugaise

Jambon d'York

Râble à l'allemande

Sauce hollandaise

Assiette anglaise

Steak tartare

Champignons à la grecque

L'appétit vient avec les mots

Tous les admirateurs de la gastronomie française vous le diront : une partie du succès des grands restaurants est due à l'imagination mise par les cordons-bleus dans le baptême de leurs plats. Comme disait Tristan Tzara : « En France, la pensée se fait dans la bouche. »

Je suis un assidu des bonnes tables de Paris. Il m'arrive pourtant souvent d'éprouver une incommensurable panique lorsque je me trouve face à un menu pourtant rédigé en français. Lorsqu'on est envahi par un désagréable vertige plusieurs solutions s'offrent à nous. On peut replier délicatement la carte, s'excuser et quitter les lieux sous un fallacieux prétexte. On peut simplement demander qu'on nous l'explique et risquer du même coup de passer pour un habitué des pizzas ou des **Big Mac**. Ou encore prendre le risque de choisir au hasard d'une appellation que l'on trouve séduisante. C'est cette dernière solution qui réserve, bien sûr, les surprises les plus inattendues. Comme celle de voir arriver un saumon en gelée alors qu'on déteste le poisson et qu'on aurait rêvé d'une belle pièce de viande.

Dernièrement, j'ai eu à choisir parmi les plats suivants :

Chaudrée Concarnoise
Armilles de copeaux
Voilère à la Crapaudine
Barquette de l'île au croquant
Amourettes fritot sur toast
Château au Fleurie
Florentine Bellevue

Nous étions deux. J'ai pris la Florentine, elle, le Château. Elle a eu droit à une côte de bœuf, moi à un homard.

Ce jeu de hasard présente un avantage : lorsque les plats sont servis, ils déclenchent à coup sûr une crise inextinguible de franche hilarité... et le rire, tout le monde le sait, ouvre l'appétit.

Vivement un petit dictionnaire pratique de la cuisine française qui nous évitera de passer pour des analphabètes en matière gastronomique.

Autre certitude : quand on trouve que les mots du menu manquent de légèreté, on peut être assuré que l'addition en manquera, elle aussi.

Des mots... d'estomac

Dans le temple du raffinement que symbolise la France, où la langue est savoureuse et où tout finit par des chansons, jamais rien ne commence sans un bon gueuleton. En voyant le pays de Brillat-Savarin se mettre à table le monde entier salive. « Les Japonais ont carrément les yeux qui débrident quand ils contemplent un Français qui mange[63]. » Dans le domaine de la gastronomie, tout comme à la célèbre Agence (francophone) de coopération culturelle et technique (ACCT), il est donc normal que les Français réclament leur juste place : la première. Pourtant, le secrétariat général de l'ACCT est dirigé par Jean-Louis Roy, un Québécois. Quant aux débuts de la grande cuisine, il y a aussi une ombre au tablier. En effet, le premier livre de recettes originales en français n'a pas été écrit par un Français, mais par un Belge, un certain Lancelot de Casteau (1571[64]). On ne peut tout de même pas espérer être au fourneau et à l'imprimerie à la fois.

Même si tout le monde s'accorde pour dire qu'en France tout commence à table, l'amour, les affaires et la politique, on est tout de même en droit de se demander s'il en a toujours été ainsi. En effet, si l'on se fie à l'origine des mots décrivant les aliments comestibles, force est de constater que bon nombre d'entre eux sont d'origine étrangère. Une question vient aussitôt à l'esprit : Que pouvaient donc manger les Français avant l'adoption de ces mots et des produits suivants ?

> Ananas (tupi-guarani) ;
> Anchois, vanille (espagnol) ;
> Atoca (amérindien) ;
> Baklava (turc) ;
> Banane (guinéen) ;
> Borchtch (russe) ;
> Cacahouète (nahua) ;
> Carotte, rosbif (anglais) ;
> Cidre (hébreu) ;
> Couscous, estragon, abricot, café, pastèque, cacao (arabe) ;
> Épinard (persan) ;
> Faisan (grec) ;
> Gigot, croissant, nouille, quenelle (allemand) ;
> Gruyère (suisse) ;
> Homard (scandinave) ;
> Lapin, pintade, marmelade (portugais) ;
> Maïs, marron (arawak) ;
> Mangue (tamoul) ;
> Papaye, avocat (caraïbe) ;
> Paprika (hongrois) ;
> Sucre, biscotte, salsifis, céleri, brocoli, radis, cannelle, sabayon, semoule, salami, cervelas, parmesan, daube, saucisson, berlingot (italien) ;
> Thé (malais) ;
> Tomate, chocolat (aztèque) ;
> Yaourt (bulgare) ;
> Pamplemousse, éperlan, cabillaud, bar, flétan, colin et... maquereau (néerlandais).

Eh oui ! certains auraient préféré que maquereau soit français. Désolé, c'est néerlandais !

Même le mot *coq*, la fameuse volaille dont la France a fait son symbole national, n'est pas français. Il serait vaguement d'origine néerlandaise (encore!) ou italienne. C'est dire! Mais ce ne sont pas les Canadiens qui vont en rire puisque la feuille d'érable écarlate qui orne allègrement leur drapeau n'est pas d'origine aborigène, elle non plus. Par contre, le **coq au vin**, lui, il n'y a pas de doute! Il est bien franchouillard.

Du coup on n'ose pas se lancer sur la trace d'autres mots qui risqueraient de semer le doute sur les mœurs françaises elles-mêmes. Surtout lorsque l'on sait que le verbe *caresser* est de provenance italienne et qu'il n'a été importé en France que vers l'an 1500. Mais au fait, avant cette date, quand les Français faisaient ce geste, tant est qu'ils le faisaient, comment appelaient-ils cet attouchement? Je caresse l'espoir qu'un jour quelqu'un me l'expliquera.

La chanteuse acadienne Édith Butler croit avoir trouvé l'explication. Elle pense que, ne sachant pas comment nommer l'action de caresser, les Français disaient tout simplement «**tséveudire?**» (Tu sais ce que je veux dire?). Selon elle, cette expression a traversé l'océan à l'époque de Jacques Cartier et elle est toujours bien présente au Québec.

À propos de cette expression passe-partout, Yvon Rivard explique: «Le *tséveudire* de la rue et le *n'est-ce pas* des corridors universitaires masquent tous deux un vide qui fait frémir et qu'il serait enfin temps que nous assumions[65]...»

Une réflexion sur le vide qui est pleine de bon sens et à laquelle on serait tenté de joindre celle que fit la chanteuse Céline Dion, 14 ans plus tard: «Il est bon de faire le vide parce qu'on peut faire le plein après[66]!»

Revenons à la bouffe.

Dernièrement, en France, le ministère de la Culture et de la Francophonie a organisé le concours «Jouez avec les mots» afin de découvrir quels étaient les mots préférés des petits Français. Réponse: casse-croûte, pain, saucisson, vol-au-vent, coquillettes et caramel.

On n'en sortira jamais.

Les mots de la faim

À force de gaffes, de malentendus, de maladresses et d'humiliants dérapages, beaucoup de Québécois en visite en France sont devenus des parangons de méfiance. Peut-on les blâmer ? Il suffit de se mettre à leur place pour imaginer la scène suivante qui se passe dans l'antre bordelais d'un truculent saucier reconnu pour sa **bectance** de première.

Au restaurant, monsieur est seul. Il consulte la carte. Avant d'y aller de ses suggestions, le patron se renseigne.

— C'est la première fois que monsieur nous rend visite ?
— Oui !
— Et monsieur sera seul pour dîner ?
— Oui, malheureusement !
— Vous voulez boire quelque chose pour commencer ?
— Volontiers. J'ai très soif.
— Ah bon. Dans ce cas on y va avec un **formidable**[a], un **sérieux**[b] ou un **baron**[c], qu'en pensez-vous ?
— Bof...
— Alors un **tango**[d] ?
— C'est-à-dire que...
— Prenez votre temps...
— Euh...
— Tiens, je sais. Je vous apporte une **feuille morte**[e].
— Une... ?
— Un **nouveau**[f], ça vous dirait ? Il vient d'arriver.
— Ah bon ?

---

a. Formidable : grand verre de bière.
b. Sérieux : bière (un litre).
c. Baron : bière (75 cl).
d. Tango : bière avec grenadine.
e. Feuille morte : anis, grenadine et menthe.
f. Nouveau : beaujolais.

— Non, je sais. Pendant que monsieur regarde la carte, je lui apporte un **bébé rose**[g]. Compliments de la maison !

Difficile de refuser.
Pour le repas, le cirque recommence.

— Monsieur a fait son choix ?
— J'aimerais entendre vos suggestions.
— Bien. Dans ce cas qu'est-ce que monsieur dirait d'une **grosse blonde paresseuse**[h] pour commencer ?

(Si on avait demandé son avis à monsieur, monsieur aurait plutôt opté pour une petite mince bien active qu'il aurait souhaité **appétissante** et mignonne à **croquer**. Mais se farcir une grosse blonde paresseuse, la réponse est nécessairement négative.)

— Non, merci ! À vrai dire j'ai plutôt faim. Les voyages creusent l'appétit...

---

g. Bébé rose : lait avec grenadine.
h. Grosse blonde paresseuse : laitue de grande taille et d'un vert doré.

— Je comprends. Est-ce qu'une **soupe rotée** vous dirait quelque chose ?

(La deuxième proposition étonne le client tout autant que la première avec laquelle elle n'a d'ailleurs aucun rapport. Et comme l'éructation n'a rien d'appétissant et qu'il ignore que cette spécialité du pays de Loire, délicieuse par ailleurs, se mange avec du pain grillé trempé, le client continue à faire la moue.)

— Bah..., lâche-t-il un brin perplexe mais incontestablement ébranlé.

— Dans ce cas je vous propose un petit **rigodon**.

(Un rigodon, au Québec, est une danse. La proposition paraît donc tout à fait farfelue et déplacée. Il en serait tout autrement si le client avait su que dans la restauration française ce mot annonce un flan garni de petits morceaux de jambon.)

Voyant l'air béat de monsieur, le patron ne désespère pas. Il lui fait un clin d'œil complice et ajoute :

— Je sais ce qu'il vous faut. J'ai justement une petite **poulette** bien tendre et bien dodue que je gardais pour un très

bon client mais je pourrais sans doute l'offrir à monsieur qui me semble être un fin connaisseur.

Paternel, il poursuit :

— Monsieur n'a rien contre les **canapés** j'espère ?

(Pendant que l'un éprouve déjà de la volupté en rêvant à un divan lascif, l'autre, le cordon-bleu, songe à ses tranches de pain frites et garnies de gibier.)

Parti dans son euphorie digestive il ajoute :

— Aujourd'hui, c'est exceptionnel, j'aurais même une petite **gribiche** bien spéciale... Vous voyez ce que je veux dire ?

(Ignorant qu'il s'agit d'une sorte de sauce aux fines herbes, le client québécois, pour qui une **gribiche** – tout comme pour le Suisse – désigne une mégère, commence à se demander s'il n'y a pas un changement de lune dans l'air...)

— Et pour finir, lui annonce glorieusement le maître de céans, vous avez le choix : une petite **conversation** ou si vous préférez quelque chose de plus costaud, je vous offre **un nègre en chemise**. Osez, monsieur !

(Dans le premier cas, il s'agit d'un petit gâteau à la pâte d'amande et dans le second, d'un entremets au chocolat noyé dans une appétissante crème Chantilly.)

— Alors, c'est parti. Je **fais marcher** le grand nègre!

Devinant sous doute l'état de la gorge desséchée de son client, il ajoute:

— Aimeriez-vous une **plate** avec ça?

Le patron pensait à l'eau tandis que, pour le client, que l'expérience avait déjà suffisamment ennuyé, c'est le délabrement final.

Il s'interroge sérieusement sur la véritable vocation de l'établissement. Le patron serait-il ivre ou, comme on le dirait en France, **rond comme une queue de pelle, raide, plein, complètement bourré**?

Il ne lui reste plus qu'à s'enfuir discrètement comme s'il partait avec le tiroir-caisse.

Mais si jamais il avait eu l'idée de revenir (avec un interprète ou un dictionnaire), il aurait dû penser au **pourliche** (pourboire) parce que, dans la restauration, quand on sait **bien arroser** (laisser un gros pourboire), on ne manque jamais d'amis!

Bonjour la francofolie!

Des gros mots pour friandises

Quand un Français parle, on a toujours l'impression qu'il a une toque de cuistot sur la tête.

En France, probablement plus qu'ailleurs, on trouve des gens qui pédalent dans la **choucroute**, quand ce n'est pas dans le **yaourt**. On en rencontre qui, quand ils en ont lourd sur la

patate, n'hésitent pas à rentrer dans le **chou** ou dans le **lard** de leur ennemi. Et quand les victimes ont été bien **cuisinées** et qu'elles ont **dégusté** quelques bonnes **tartes** sur la gueule, elles trouvent toujours que c'est difficile à **digérer**.

Il s'en trouve qui marchent sur des **œufs**, ce qui ne les empêche pas d'avoir les pieds en **compote**. En politique, dans ce pays, l'indécis peut être retourné comme une **crêpe**. En tout temps comme en tout lieu, les femmes peuvent être sûres de se faire **dévorer** des yeux parce que le Français a la réputation d'être libertin et de ne pas se faire prier pour aller aux **fraises**.

On peut se **farcir** une nana ou... un long voyage et en revenir blanc comme une **endive** ou rester comme un rond de **flan**.

Grâce à ce vocabulaire illimité, qui n'a d'égal que l'imagination du cordon-bleu français, il est clair que l'on a beaucoup plus de chance de se **farcir** une nana que ceux qui ne parlent pas notre belle langue, c'est-à-dire qu'on a le cul bordé de **nouilles**, ou, si vous préférez, on a la **frite** ou encore la **pêche**.

Dans ce cas, il n'est pas interdit de rêver au **fruit** défendu sans nécessairement en faire un **fromage** ou un **plat**.

De toute façon, quand on s'occupe de ses **oignons** et que l'on sait tirer les **marrons** du feu, on peut être assuré de gagner beaucoup d'**oseille**.

Par contre, ceux qui font partie du **gratin** vous diront qu'il n'est jamais conseillé de travailler pour des **prunes**. Dans quelque domaine que ce soit, il faut toujours être prêt à couper la **poire** en deux, à mettre de l'eau dans son **vin**, si on tient à gagner sa **croûte** sans trop de **pépins**. De nos jours, si je peux ajouter mon grain de **sel**, personne ne vit seulement d'amour et d'**eau** fraîche, n'est-ce pas ?

N'abusons pas de ces termes. On risquerait d'avoir une indigestion et du coup, ça serait la fin des **haricots** !

Il est incontestable que, dans la vie du Français moyen, la nourriture occupe toujours la première place. Pour sa part, Alfred Gilder a répertorié pas moins de 236 verbes « nutritifs » dans la langue française[67]. D'ailleurs, la sacrée bouffe est tellement omniprésente qu'on la retrouve même dans l'insulte quotidienne où les mots sont souvent gros et gras.

Ne traite-t-on pas de **nouille** ou d'**andouille** un individu réputé pour sa mollesse ? Ou de **haricot** quelqu'un qui est insupportable ? On dira d'un minable que c'est une **épluchure** et d'un balourd qu'il n'est qu'une **truffe**. Un lâche sera appelé **omelette** et quelqu'un de réputé pour sa maladresse, **patate**. Un perdant est un **oignon**. Un souteneur ou un entremetteur, un **maquereau**. Un fainéant est un **pied pané**, un pauvre type qui se laisse facilement duper un **cornichon** ou simplement une **poire**. Et c'est bien fait pour leur **pomme** qu'il en soit ainsi. Ils n'ont qu'à ne pas ramener leur **fraise**, car ils pourraient se faire rentrer dans le **chou**. Un **porc** n'est qu'un être répugnant. Une **asperge**, quelqu'un de grand et mince. Une **grande saucisse**, un maladroit, un **gros plein de soupe**, un poussif et une **tarte** n'est rien d'autre qu'un imbécile. Un chauve est une **choucroute dégarnie**. Quelqu'un qui a un peu de ventre a de la **brioche**. Celui qui noie le **poisson** ne fait qu'embrouiller les choses. Quant au malheureux qui a de fréquents trous de mémoire, il n'est pas autre chose qu'un **gruyère**.

Bon, c'est vu ? J'arrête ma **salade** ?

Il faut savoir que lorsqu'on s'engueule en français, on risque d'en prendre toujours plein la gueule jusqu'à plus faim. On n'insistera jamais assez pour que les étrangers qui visitent la France apprennent par cœur quelques-unes de ces ripostes qui pourraient leur être d'une grande utilité s'ils voulaient parler en français... à langues égales.

Ils doivent savoir que l'on peut être traité (ou traiter l'autre) de **cruche**, de **dindon de la farce**, de **soupe au lait** ou de **planche à pain**. On peut même se faire engueuler comme du **poisson pourri**. Quand on parle de prostituée, on parle de **morue**, de **langouste** ou de **crevette**. S'il s'agit d'une fille un peu bête, de **dinde**. On peut **l'avoir dans l'os**, ou dans le **baba**, en avoir **plein la terrine** et, si quelqu'un exagère et nous casse trop les **nougats**, au point qu'on en aurait plein les **noisettes**, finalement on serait à **ramasser à la petite cuillère**.

Pour nommer l'innommable tout en restant dans les limites des termes culinaires, on ne doit certes pas oublier : **tremper son biscuit, mettre son pain au four, aller au beurre, au gratin, au persil, aux asperges, aux épinards** et passer à la **casserole**.

Le chansonnier parisien Pierre Gilbert disait que la tambouille et la fesse étaient les deux mamelles de la France :

> « [...] la raison profonde qui nous fait juger mal
> C'est que nous possédons un travers national
> Qui fait que le Français, il faudra bien qu'on le confesse
> Ne s'intéresse qu'à deux choses : le miam-miam et la fesse !
> Si on aime la cuisine c'est qu'on en fait de la chouette
> Et pour c'qu'est d'être un peu porté sur la poulette
> Reconnaissez tout de même que c'est assez normal
> Pour les gens qu'ont un coq pour emblème national[68]. »

Il y en a qui vont jusqu'à prétendre que les Français ne seraient pas de vrais Français s'ils ne goûtaient quelques plaisanteries un peu salées ou qui seraient sales si l'esprit ne les nettoyait justement de toute vulgarité.

« Un peu de scatologie et d'égrillardise n'ont jamais fait de mal à personne[69] ! »

D'où la grande place que l'on accorde aux cinq lettres les plus nobles de la langue française : MERDE. *Merde*, ce mot unique qui marque toutes les affections des Français, de la joie à la douleur, en passant par la colère, la surprise et la volupté.

Parfois, ce seul mot magique suffit en France pour clouer le bec à bien des importuns. Il représente à lui seul toute la poésie de la vie française.

Comment ferait-on, merde ! s'il n'y avait pas ce mot qui, comme le disait Mme de Staël, « délasse l'esprit et donne à la bienveillance elle-même une façon piquante de s'exprimer » ?

C'est un mot magique. Un passe-partout. Un mot idéal à servir à quelqu'un qu'on ne peut (déjà) pas sentir. Il se conjugue et se décline en toute occasion. « Il est un médicament à lui tout seul. Il soulage ! » affirme Pierre Perret. « On lui prête des vertus de porte-bonheur. [...] Il conjure le mauvais sort. [...] Il est savoureux à prononcer lorsqu'il est lancé avec conviction en mettant l'accent tonique sur la fin de la première syllabe. Il est alors triomphant. Rien ne lui résiste. Il est inégalable[70]. »

Ainsi qu'on peut en juger, la frénésie emmerdophile est sans limites :

Merde alors ; tas de merde ; de la merde ; merde, c'est pas donné ; merde j'te crois pas ; on est dans la merde ; il se prend pas pour une petite merde ; c'est un merdeux ; merdaillon, va ! ; il a merdé ; je suis dans la merde ; c'est le merdier ; c'est un fouteur de merde ; c'est merdique ; petite merdouille ; sale merde ; merde de merde ; je t'emmerde, etc.

Au Québec, le mot ne perd pas de sa couleur même s'il se prononce « marde ». Il arrive même à prendre plus de poids lorsqu'on dit **Marde !... c'est de la merde !** ou **Merde !... c'est de la marde !**

Dans le même registre – que les âmes sensibles me pardonnent – on trouve le verbe **chier**. Un verbe très emmerdant. Et même très **chiant** pour ceux dont la langue n'est pas le français et qui ont raison d'être perplexes lorsqu'ils l'entendent :

Qu'est-ce qu'on s'est fait **chier** chez lui ! Qu'est-ce qu'elle est **chiante** sa nana ! Pourtant, son appart est vachement **chié** ! Avec les CD qu'il a, il ne doit pas se faire **chier** souvent. Tu **chies** la honte !

Irrité par autant de laxisme, l'écrivain américain Harry Mathews avait coutume de répéter : « Je conchie la langue française. »

Bien entendu, quand on ne connaît pas mieux, on peut encore faire appel à ce verbe pour exprimer le besoin urgent que l'on a d'aller satisfaire la plus élémentaire des fonctions et dire : « Qu'est-ce que j'ai envie de... » Pourtant, il existe des synonymes plus élégants. Par exemple : Je vais aller **couler un bronze** ou encore **malaxer un colombin**.

À moi comte, deux mots !

« Toujours prisé par son attrait indiscutable », comme dirait Pierre Perret, *merde* est assurément irremplaçable. Tout comme *cul* d'ailleurs, qui est son proche parent.

Dès qu'un étranger commencera à parler le français, il devra aussitôt faire appel à ces deux mots consubstantiels : **J'te merde et j'te culte !** pourra-t-il dire en se foutant de la conjugaison comme de sa première grammaire.

Dans la langue qu'ont en commun les francophones du monde entier, *cul* et *merde* représentent la substantifique moelle de l'esprit français grivois et agressif. Ils procurent indiscutablement plus de joie à ceux qui les lancent qu'à ceux qui les reçoivent.

Pendant plusieurs décennies, lorsqu'ils épelaient le mot *Québec*, les habitants de la Belle Province disaient : QUE-U-É-B-E-C. L'esprit catholique jugeait la lettre Q à tel point suggestive qu'on l'a même soustraite du cadran du téléphone. Ainsi, au Québec, lorsqu'on téléphone, on ne peut toujours pas mettre son doigt dans le... Ce qui n'empêche pas, par ailleurs, de retrouver le mot, comme en France, dans toutes les bouches où il fait presque partie d'un culte.

Qu'est-ce qu'il disait déjà Maurice Rostand ? « Ce qu'on n'a pas le droit de dire, on a le droit de le crier. »

Alors, soit :

Espèce de cul; j'en ai plein le cul; cul foireux; pauvre cul; tu veux mon pied au cul?; je lui foutrais ma main au cul!; tu peux te le foutre au cul!; cucul la praline; ça fait cucul; cul béni; faux cul; tête de cul; cul-terreux; dans le cul la balayette, etc.

Ne mâchez pas vos mots!

Un jeune musicien québécois s'est rendu récemment chez un éditeur de musique parisien afin de négocier son premier contrat.

Le document, qui en était au stade de l'ébauche et rédigé au crayon, comportait quelques erreurs que l'éditeur accepta de corriger. En se tournant vers sa secrétaire, il lui dit :

— Germaine, vous n'auriez pas une **gomme***?

Avenant, le musicien sauta sur l'occasion, plongea une main dans sa poche et en ressortit un paquet de chewing-gum.

— Il me reste quelques Clorets... si ça peut vous faire plaisir!

Comment **gommer** pareille méprise? On a beau connaître la musique, on n'est pas forcément à l'abri des fausses notes.

Le vrai (?) parler français

Petit à petit, le touriste québécois finit par faire son initiation à la vie parisienne et au vrai parler français. Dans le même élan, il apprend que pour obtenir un **verre de bière** il doit comman-

---

* Gomme : petit bloc de caoutchouc qui sert à effacer (France); gomme à mâcher (Québec).

der *un demi*; qu'en France on dit *boisson* et non **breuvage**; des *glaçons* et non de **la glace**; une *glace* et non une **crème glacée**; que **bien froid** se dit *frappé;* qu'on n'est pas obligé de dire **café** car il suffit de dire *un bien serré* ou un *petit noir* et qu'on ne demande jamais la **liste des vins** mais la *carte des vins*. À la pharmacie, on présente une *ordonnance* et non une **prescription** et on ne se plaint surtout pas, après avoir trop mangé, de **brûlements d'estomac** mais de *brûlures d'estomac*. Par ailleurs, un **bicycle** est un *vélo*, un **bicycle à gaz** est une *moto*, une **station-wagon**, un *break*, une **lumière rouge**, un *feu rouge* et l'**essence** du *gazole*. Une **auto usagée** ou de **seconde main** est une auto *d'occasion* et ce qu'au Canada on a l'habitude d'appeler un **billet de stationnement** ou une **contravention** s'appelle indifféremment une *contredanse* ou un *P.V.* Il faut savoir aussi que ces initiales ne sont pas l'abréviation de « peau de vache », comme certains pourraient le penser, mais plutôt de « procès-verbal ».

Il faut ajouter à la liste que ce qui est nommé **intermission** au Québec est un *entracte* en France, que le **barbier** est un *coiffeur* et que la **boîte de téléphone** prend le nom de *cabine téléphonique*...

On n'a jamais fini d'apprendre!

Au Québec, on va **parquer** son auto au **stationnement**, en France on va la *stationner* au *parking*.

Lorsque le Français chauffe sa maison avec une *chaudière*, le Québécois le fait avec une **fournaise** parce que, pour lui, une chaudière est un seau.

Quand le Québécois fait bouillir de l'eau dans son **canard**, le Français utilise sa *bouilloire*.

Quand il se prépare un jus dans son **appareil à jus** ou dans son **extracteur**, le Français le fait avec un *presse-fruits* ou dans sa *centrifugeuse*.

Quand il vit **accoté**, le Français vit en *concubinage*.

Quand il **peinture** un mur, l'autre le *peint*.

Quand il se fait **griller** au soleil, l'autre *bronze*.

Les **vidanges** du Québécois sont les *ordures* du Français.

Le Québécois appelle **guenille** un *chiffon*; il dit **brocheuse** pour *agrafeuse*; **épingle à couche** pour *épingle de nourrice* ou *de sûreté*; **trousseau de bébé** pour *layette*; **suce** pour une *tétine*.

Son *talkie-walkie* s'appelle, comme aux États-Unis, un **walkie-talkie**.

Quand il y a une *grande queue* au magasin, pour lui il y a une **grande ligne**.

Quand le Français travaille *à temps plein,* le Québécois travaille à **plein temps**.

Quand le Français *paraphe* son contrat, le Québécois l'**initiale**.

Si le Québécois dit **je t'ai manqué**, le Français doit comprendre *tu m'as manqué*.

Le Québécois parle français, c'est indéniable, mais le drame c'est que le Français ne le comprend pas. Voici, à l'intention de ceux qui n'en seraient pas encore convaincus, quelques mots pour compléter ce court lexique :

Bividi (b.v.d.) : caleçon ;
Bonjour : bonjour ou au revoir ;
Casseux de veillée : rabat-joie, trouble-fête ;
Chaise berçante : fauteuil à bascule ;
Chesterfield : divan, canapé ;
Chien chaud stimé : hot-dog à la vapeur ;
Coat **à queue** : redingote ;
Couvarte : couverture ;
Criard : klaxon ;
Échappe : foulard ;
Écharpe : écharde ;
Épinette : sapin ;
Fesse en canne : jambon en boîte ;
Guidoune : gourgandine ;
Malle, maller : poste, poster ;
Toxedo, tox : smoking ;
Tuyau de castor : haut-de-forme.

Comment s'étonner après tout ça qu'un Québécois qui mange un **beigne** ait **d'l'air fou** devant un Français qui mange un *beignet* et qui, lui, a *l'air bête*?

C'est bien normal que le Québécois en ait **plein son casque** et que le Français en ait *ras le bol*!

À côté de tous ces mots qui sèment la confusion, on est surpris d'en découvrir d'autres qui semblent exclusivement réservés aux coutumes typiquement françaises. À preuve cette annonce que l'on trouve dans toutes les gares de France:

> « Les voyageurs sont priés de **composter** leur titre de transport avant de monter dans le train. »

Beaucoup de Québécois possèdent une boîte dans leur jardin pour **composter** les résidus organiques, mais comment deviner que le conseil de la SNCF s'applique non pas aux déchets mais à la validation des billets de train?

Pour régler exactement la somme due, en France, on dit **faire l'appoint**. Il existe même des **distributeurs automatiques** (en québécois: des **distributrices**) spécialement prévus à cet effet.

Mais pour le cousin québécois, c'est du chinois, tout comme les mystérieux et pourtant pratiques **numéros verts**, c'est-à-dire des numéros de téléphone spéciaux permettant d'accéder gratuitement à certains services.

Pour en revenir à la SNCF, beaucoup de Français se souviennent sans doute encore de ce règlement qui a longtemps donné des maux de tête aux juristes:

> « Il est défendu: d'ouvrir les portières après le signal du départ, d'entrer dans les voitures ou d'en sortir autrement que par les accès aménagés à cet effet et placés du côté où se fait le service des trains; de monter ou de descendre ailleurs que dans les gares, stations, haltes ou arrêts à ce destinés et lorsque le train est complètement arrêté. »

Dilemme: Faut-il violer le règlement ou risquer de se casser le cou en montant dans le train en marche?

Le saifran c'est sacomme !

Traduction du verlan : Le français c'est comme ça ! Le français des jeunes de France ne serait pas ce qu'il est s'il n'y avait pas le *verlan,* cette façon codée de parler en inversant les syllabes des mots. Exemples :

À donfe : à fond ;
Auche : chaud ;
Awalpé (prononcez
 « aoualpé ») : à poil ;
Chanmé : méchant ;
Cheulou : louche ;
Diban : bandit ;
Feuj : juif ;
Keuf : policier, flic ;
Keum : mec ;
Keutru : truc ;
Meuf : fille ;
Noiche : chinois ;
Ouf : fou ;
Péfra : frapper ;
Rempa : parents ;
Réssoi : soirée ;
Reubiai : bière ;
Reume : mère ;
Reupe : père ;
Reusta : star ;
Reuxche : cher ;
Ripa : Paris ;
Sacomme : comme ça ;
Saifran : français (blanc) ;
Seul tout : tout seul ;
Tuigra : gratuit ;
Uile : lui ;
Vénère : énervé ;
Yèche : chier ;
Yocs : couilles ;
Zarbi : bizarre ;
Zen : nez ;
Ziva : vas-y ;
Zonré : raison ;
Ziva, t'as zonré ! : vas-y, t'as raison !

Entre deux mots, choisir le moindre !

En ces temps de restriction, dont les Français souffrent autant que les autres, l'économie de mots semble devenue de rigueur. Aujourd'hui, en France, pour mieux se faire comprendre, il est recommandé d'abréger en toute matière. ***Look, cool, flip, flash, black, good, crack*** ! Et entre deux mots, il faut savoir choisir le moindre ! Bien entendu, ça donne de belles images de synthèse.

Ainsi, à la gare, les panneaux indicateurs ne disent plus « La livraison des bagages » mais **Livraison bagages**.

Ne cherchez pas « L'accès aux quais », on ne trouve plus que **Accès quais**.

Ce que l'on appelait *petit-nègre* s'est répandu sur tout le territoire de l'Hexagone avec **Retraits-fonds, Change, Direction autoroute**, etc.

Irrité par l'absence des articles définis et par la mise à l'index croissante des prépositions, Philippe Bouvard proteste énergiquement contre « cette simplification-trahison, ce désir de gagner du temps en attentant gravement au génie de notre langue, en supprimant les nuances de la pensée, l'exactitude de l'expression et les temps morts indispensables à l'harmonieux fonctionnement de la sensibilité et de l'intelligence[71] ».

À part ça, il y a plus d'un os dans la belle langue française : **craignos, tranquilos, gratos, largados, branchos**.

En cette époque caractérisée par la paresse articulatoire on doit dire **ados** pour adolescents, **cathos** pour catholiques, **appart**, pour appartement, **air clim** pour air climatisé et huit heures du **mat'** pour huit heures du matin.

    À c't'aprèm : à cet après-midi ;
    L'actu : l'actualité ;
    À plus : à plus tard ;
    Ami perso : ami personnel ;
    Un **assist-réa** : un assistant-réalisateur ;
    Les **assos** (prononcez « assosse ») : les associations ;
    Une **BD** : une bande dessinée ;
    Le **beauf** : le beau-frère ;
    BO : boucles d'oreilles ;
    Bon ap : bon appétit ;

Une **cata** : une catastrophe ;
CD : disque compact ;
C'est perso : c'est personnel ;
Un copain de **colo** : un copain de colonie de vacances ;
Compil d'actus : compilation de clips d'actualité ;
Un **cong** (prononcez «conje») : un congé payé ;
Dem : démissionner ;
Déo : déodorant ;
Les **éditos** : les éditoriaux ;
Facho : fachiste ;
Foiré! : enfoiré! ;
Ils sont astap : ils sont à se taper le cul par terre ;
Les **infos** : les informations ;
Un **intello** : un intellectuel ;
Une **intox** : une fausse information ;
La **jet** : la *jet society* ;
Les **journalos**, les **journaleux** : les journalistes ;
Un **long** : un long-métrage ;
Un **max** : un maximum ;
La **mayo** : la mayonnaise ;
La **mout** : la moutarde ;
NAP : Neuilly-Auteuil-Passy ;
Un **ordi** : un ordinateur ;
Un **PB** : un problème ;
Une **promo** : une promotion ;
Restos : restaurants ;
Un **sexa** : un sexagénaire ;
Un **survé**, un **surgé** : un surveillant général ;
Un **stew** : un steward ;
'Tain! : putain!

Et après ça il ne reste plus qu'à **s'éclater** parce que **ça arrache, chte dis pas** !
Allons les mecs : on **craque**, on **squatte**, on **flashe**, on **balise** et même si on **a les boules**, on **assure** ! Vrai ou merde ?

Et quand ils ont le moral au plus bas, on dira d'eux qu'ils sont **shités**, **flippés**, **jetés**, **largués** ou **superflips**. Et on aura de la sympathie pour eux parce qu'on sait que **break-downer**, c'est loin d'être drôle !

« Plus on va vite, plus le mot est court[72] », remarque Alfred Gilder en citant en exemple : moto, auto, tégévé (TGV) et jet. Mais dans sa recherche des mots français qui rétrécissent à l'usage, il est tombé sur le mot français qui semble être – jusqu'à preuve du contraire – le plus long. Créé dans le domaine de la pharmacologie[73], il se compose de 90 lettres ! Il est normal que le plus long de tous les mots ait quelque chose en commun avec les... maux.

Ce mot est :

HYDROXYMÉTHYLBUTYRICACIDESTERDOECA-HYDROPENTAHYDROXYTRIMETHYLEPOXYMÉ-THANOPHÉNANTHRO-PYRANONE.

Que veut-il dire ? C'est simple : glaucarubine.
On est loin de la poésie du mot « anticonstitutionnellement » cher à Pagnol.

Le conte est bon !

Georges Pompidou l'a dit : « C'est à cause de notre langue que nous existons dans le monde autrement que comme un pays parmi les autres. »

Oui, mais les autres ? Ceux qui partagent la même langue, on les met où alors ?

Lorsqu'on est francophone, on doit être fier de parler la langue officielle de plusieurs dizaines de millions de personnes dispersées sur cinq continents, faisant toutes partie de la grande... francacophonie !

Mais combien sommes-nous au juste ?

En parlant de francophonie, on a parfois l'impression d'être dans la *francaca... phonie*, car nul ne semble tout à fait heureux ni de l'appellation ni de l'imprécision du nombre de personnes ayant en commun l'usage du français sur terre (au ciel, on le sait, Dieu parle le français. Ce qu'on ne sait pas c'est quel français et avec quel accent...).

« Et si la francophonie ne servait qu'à rallumer les nostalgies d'une gloire perdue[74] ? »

« Et si, comme à Baton Rouge, chez les Nez Percés, comme au trou Biches, à Montréal ou au Grand Téton, ce n'était que la trace furtive d'un regard, d'une émotion venue d'un passé royal et paysan à la fois[75] ? »

« La francophonie : un bien vilain mot ! » disait Simenon. Jean-Marc Léger, lui, trouve « le terme discutable mais commode[76] ». Quant à Maurice Druon, secrétaire perpétuel de l'Académie française, il eût préféré que l'on dise : « Pays ayant la langue française en partage[77] ».

Même l'ex-ministre de la Culture Jacques Toubon ne l'aime pas. « Ce n'est pas un mot porteur, parce qu'il n'est pas beau[78] », explique-t-il.

Il y en a qui attribuent l'invention du mot à Léopold Sédar Senghor. En fait, ce dernier a inventé le mot *francité* afin qu'il serve à décrire, avait-il dit, « par-delà la langue, la civilisation française, plus précisément l'esprit de cette civilisation, c'est-à-dire de la culture française ».

L'usage du mot *francophonie* remonterait à 1880, date à laquelle un géographe français l'employa pour la première fois pour désigner l'ensemble des espaces où la langue française était utilisée dans la vie quotidienne.

Tant pis, faudra vivre avec.

Ce qu'il faut surtout retenir de la francophonie, c'est que sa force vient de ses instigateurs qui, aussi bizarre que cela puisse paraître aujourd'hui, n'étaient même pas français (Senghor, Bourguiba et Sihanouk). Pire, à l'origine ils avaient même lutté farouchement pour leur indépendance, ce qui aurait dû les éloigner de la France. Quelques années plus tard, les mêmes hommes ont lutté à nouveau, mais cette fois pour créer un organisme voué à ce qu'ils continuaient à partager : la langue française.

Sortons nos calculettes. En Europe, et en excluant la France, il y aurait 10 millions de personnes parlant le français. En Afrique du Nord et au Moyen-Orient, on en compterait 15 millions. Ajoutons à ces chiffres 10 millions au Canada, aux États-Unis et aux Antilles, 7 millions pour l'Afrique noire (en précisant cependant que parmi les 17 pays africains qui ont le français pour langue officielle on ne compte que 10 % des habitants qui la pratiquent réellement). Plus 4 millions pour les îles de l'océan Indien, l'Asie et l'Océanie et, finalement, 57 millions pour la France.

Si mes calculs sont bons, par ce chemin tortueux, on arriverait à quelque 100 millions d'âmes.

Beaucoup avancent ce chiffre de 100 millions. D'autres sont plus généreux et montent jusqu'à 125 millions. Gabriel de Broglie, lui, évalue à 140 millions la population francophone dans le monde entier[79]. Mais toute cette comptabilité déplaît souverainement au secrétaire perpétuel Maurice Druon qui se dresse sur son fauteuil d'académicien pour ajuster les chiffres (sans pour autant en proposer d'autres) :

> « Mais pourquoi, dit-il, nous a-t-on répété à l'envi, au long de ce grand effort, que nous n'étions que 120 ou 130 millions de francophones dans le monde ? Qui donc, quels masochistes, quels amateurs de la dépréciation de nous-mêmes s'obstinent-ils, depuis des années, à imposer ce chiffre qui serait affligeant s'il n'était absurde[80] ? »

Il a peut-être raison. Puisqu'il est bon en lettres il n'est peut-être pas mauvais en calcul...

« La francophonie, vue comme un ensemble de populations parlant le français, est une réalité difficile à cerner par des chiffres précis, puisque dans certains pays à forte croissance de population, aucun recensement n'a eu lieu depuis dix ans », affirme de son côté le *Journal de la société d'éducation des écoles internationales*.

Il distingue tout de même deux catégories de pays : l'une comprenant les francophones de langue maternelle (70 millions) et l'autre composée de francophones ayant le français comme deuxième langue de communication (50 millions). Ce qui aboutit à un total de 120 millions.

De passage à Québec pour fêter les 25 ans de l'Agence de coopération culturelle et technique (ACCT) dont il est le secrétaire général, Jean-Louis Roy a déclaré : « Notre communauté est fragile, par sa taille démographique d'abord – sur six milliards d'hommes bientôt, nous ne sommes que 150 millions – et par le défaut de développement de sa majorité. »

On est encore loin du compte de M. Druon qui précise :

> « Quarante-sept pays, parce qu'ils ont le français en partage, se sont associés dans une communauté culturelle et politique [...]. Ce n'est pas mince ; c'est plus du quart des Nations unies. La population totalisée par ces pays approche le demi-milliard[81] ! »

Le Haut Conseil de la francophonie[82] a réparti toutes ces personnes en deux grandes catégories : les « francophones réels » et les « francophones occasionnels » (n'ayant qu'une faible maîtrise du français et en faisant rarement usage). Il en a défini une troisième, soit les « francisants » (ceux qui ont une connaissance du français *langue étrangère*), et suggère, à cause de ces derniers, d'ajouter une centaine de millions d'âmes, ce qui ferait grimper le total à un chiffre plus impressionnant.

Qui dit mieux?»

Il y en a! Tout en avouant que les chiffres peuvent être fluctuants, François de Preuil, un médecin passionné par la cryologie et le français (il y a peut-être plus de similitude entre les deux qu'il n'y paraît), affirmait (en 1980) que le nombre de personnes s'exprimant en français en ce bas monde allait bientôt franchir le cap des 300 millions[83]!

Si certains souhaitent que la francophonie soit plus imposante, c'est qu'ils savent que l'universalité d'une langue repose sur la supériorité numérique de ceux qui la parlent. Malheureusement, la France n'occupe plus la place qu'elle occupait. Elle n'est plus une puissance dominante. Aujourd'hui, d'après les derniers calculs, le français n'arrive plus qu'à la douzième place des langues les plus parlées au monde, derrière le chinois, l'anglais, le russe, l'espagnol, l'hindi, l'arabe, le portugais, etc. Il n'y a que 3 % des habitants de la planète qui le parlent.

D'ailleurs, s'il faut en croire Victor Cousin, tenant de la philosophie éclectique, le problème ne daterait pas d'hier. Selon cet académicien, la décadence de la langue française aurait commencé en 1789.

Et pendant ce temps, les estimations du nombre d'hispanophones dans le monde vont de 300 millions, selon une étude menée en 1992 par le ministère espagnol de la Culture, à 318 millions selon l'Unesco, et même 371 millions d'après l'université de Washington[84].

Ce qui fait dire à Umberto Eco que les États-Unis se convertissent en un pays bilingue. «Dans peu de temps, affirme l'écrivain, la domination hispano-américaine sera tellement importante que l'espagnol sera considéré comme la seconde langue internationale[85]!»

Ouille!

Que dire alors du yiddish qui, selon Marek Halter, serait parlé par 10 millions de personnes sur terre[86].

Quoi qu'il en soit, pour en revenir à nos moutons, M. Druon serait ravi de savoir que, au Québec, Liza Frulla, lorsqu'elle était encore ministre de la Culture et des Communications, responsable de la francophonie, avançait pour sa part le chiffre de 400 millions de francophones dans le monde[87].

Qui dit mieux? Il s'en trouve encore!

Dans son dossier sur les enjeux de la francophonie, l'hebdomadaire *TDC* écrit, pour clore la question: «L'ensemble des pays concernés par la francophonie regroupe une population totale avoisinant les 500 millions d'habitants[88].»

Adjugé, vendu!

C'est Maurice qui va être content.

On peut perdre son français mais pas la face!

Certaines expériences vécues par les Québécois en France sont devenues des classiques que l'on se raconte d'une génération à l'autre. C'est le cas notamment de cet homme qui, en voyage à Paris, décide d'aller se confesser.

— Mon père, dit-il au prêtre, je m'accuse d'**avoir pris une brosse** (de m'être enivré).

— L'avez-vous **restituée** au moins? demande le confesseur, qui comprend que l'autre a volé une brosse.

— Ça n'a pas pris de temps: le même soir! s'exclame le Québécois pour qui *restituer* est synonyme de «vomir».

Gageons que pour sa pénitence il a eu un Avé... spontané.

Philippe, un autre Québécois fier d'être un membre à part entière de la belle francophonie, sait tout de même que cette langue qu'il partage avec des millions d'autres hommes de la planète est à l'origine de quelques petits déboires. Il n'est pas prêt d'oublier son dernier voyage à Paris. Il se souvient que la confusion avait atteint son comble alors qu'il était dans un grand magasin de la capitale pour y faire son **magasinage** (prononcez *shopping*) ou, si on aime mieux, effectuer quelques **achats** (prononcez *emplettes*).

Pour commencer, il a essayé de s'acheter un petit réveil.

— Je voudrais un **cadran de voyage**, annonça-t-il au marchand.

La réponse ne se fit pas attendre :

— On ne vend pas de pièces détachées ici !
— Je cherche un **réveil de voyage** ! précisa-t-il.
— Et vous voulez l'envoyer où votre réveil ?

Bonjour l'adrénaline ! Ils n'avaient visiblement pas la même heure...

Philippe voulait profiter de son voyage en France pour s'habiller à la française. Il savait qu'il éviterait ainsi la TPS et la TVQ[*] et, comble de bonheur, que la TVA[**] française lui serait remboursée.

Lorsqu'il demanda des **bas**, on le dirigea vers le rayon des **bas de nylon** pour femmes. Comme la vendeuse le regardait d'un air ahuri, Philippe finit par lever une jambe et montrer du doigt l'objet de sa convoitise.

— Ah ! monsieur veut des **chaussettes** !
— Mais non ! Des chaussettes j'en ai chez nous, en Gaspésie. Elles sont toutes doublées. Non, ce que je veux c'est ça !
— Mais c'est bien ce que je dis, monsieur, ÇA, ce sont des chaussettes !

---

[*] TPS : taxe sur les produits et services ; TVQ : taxe de vente du Québec.
[**] TVA : taxe sur la valeur ajoutée.

Alors là, si on n'a pas pris Philippe pour un ivrogne, il pouvait être assuré de passer pour un hurluberlu. Avec sa jambe en l'air et l'altercation qui s'est ensuivie, l'attroupement était inévitable.

— Si ÇA, ce sont des chaussettes, qu'est-ce que c'est alors que ÇA ? dit Philippe en pointant un comptoir voisin.
— Ça, monsieur, ce sont des **pantoufles**, laissa échapper la vendeuse toute prête à changer de métier.

Revenu au rayon des vêtements pour hommes, Philippe – qui éprouvait la désagréable impression que sa langue avait été remplacée par une patte d'éléphant – demanda à voir des **gilets**. On lui montra ce qu'il appelle habituellement des vestes. Et quand il voulut essayer des **vestes**, on lui montra des gilets. **Vestes**, **vestons**, **gilets**, il en perdait son... français mais pas la face. Homme du monde jusqu'au bout des ongles, il feignit de tout comprendre mais en réalité il n'y comprenait plus rien. Il aurait bien voulu aller faire un tour du côté des **tissus** (prononcez **étoffes**) – il s'habille mieux avec le fait sur mesure – mais, à l'idée de laisser échapper le mauvais mot au mauvais moment – par exemple **combien de verges ça prendrait pour faire un complet ?** –, il renonça.

Hélas, ce n'est pas tout. Sa femme l'avait chargé de quelques achats pour elle. Pas grand-chose. Quelques petites bricoles : une **bourse**, deux **foulards**, une **blouse**, une **brassière**, un **chandail** et une **camisole**.

Pour la **bourse**, ou la **sacoche**, ce fut assez pénible, merci ! Il apprit que c'est un *sac à main* qu'il aurait dû demander. Quant à la **blouse**, on lui fit (cavalièrement) remarquer que c'est *chemisier* qu'il aurait fallu dire. Il en fut de même pour le **chandail** que l'on désigne en France sous le nom de *tricot* ou de *pull* (prononcez le *u* comme dans *nu*) quand ce n'est pas carrément une *petite laine*. Pour ce qui est du **foulard**, il a fini par acheter un *fichu* et un *carré de soie*. Il était sûr que sa femme ne verrait pas la différence. Même qu'il se demande encore s'il y en a réellement une...

L'achat de la **camisole** fit aussi problème. En France, ces blouses, habituellement mises de force aux malades mentaux agités pour les maîtriser, sont, rien de plus normal, introuvables dans un magasin.

Quant à l'achat de la **brassière**, la cavalcade féerique qu'elle engendra fut tout simplement désastreuse. On commença par l'envoyer au rayon des enfants. Il finit par retourner, rougissant, à celui des froufrous féminins. Il avait l'angoissante impression de se trouver non pas au cœur de la francophonie mais à Pékin ou à Abdrachmanovo. Il dut s'expliquer avec ses mains, rougir et parlementer du mieux qu'il put :

— Mais enfin, monsieur, vous cherchez une brassière oui ou non ?
— Oui !
— On vous l'a dit : rayon enfants !

Ça ne doit pas être pour rien qu'on prétend que les petites Françaises sont très développées pour leur âge, se dit Philippe, plus démonstratif qu'un yogi en pleine contemplation.

— Mais ce n'est pas pour un enfant, c'est pour ma femme !
— Oui, mais elle va faire quoi votre femme avec une **brassière** ? demanda la vendeuse qu'on sentait proche de l'exaspération.

Philippe se dit qu'il y a des circonstances dans la vie (surtout quand on achète un soutien-gorge) où l'on devrait tout laisser... tomber.

Il finit par se demander si les Françaises n'avaient pas abandonné définitivement le port de cette pièce de lingerie féminine. Après tout, n'est-ce pas ce qu'elles font toutes depuis longtemps sur les plages de France et de Navarre ?

Incommensurablement confus, rouge écarlate jusqu'aux oreilles, il entreprit tout de même d'expliquer à cette femme, lui, un homme, quel usage les femmes font encore de cet objet vestimentaire au pays du Québec. Du coup, la vendeuse pouffa de rire. Sa bouche se comportait comme celle d'une truite mouchetée soudainement privée d'eau.

— Aaaah! Mon pauvre monsieur... Vous voulez parler d'un *soutien-gorge*!

Toujours digne, malgré tout, Philippe acheta le premier modèle qu'on lui présentait, évitant ainsi d'aborder le délicat aspect des mensurations en pouces, en centimètres ou en mystérieux codes ou numéros. Ce détail, pourtant crucial pour une femme qui porte encore cette pièce de lingerie, l'aurait sans doute entraîné dans une discussion sans fin au cours de laquelle il aurait peut-être réussi à convaincre la vendeuse qu'il eût été plus délicat pour les Françaises d'employer le terme « brassière » de préférence à « soutien... » puisque habituellement on ne soutient que ce qui tombe... Il se demande encore d'ailleurs pourquoi les Français, habituellement si pointilleux sur les termes utilisés, n'appellent pas les choses par leur vrai nom. Pourquoi nomme-t-on *soutien-gorge** un dispositif chargé de soutenir une des plus jolies portions de l'anatomie féminine n'ayant, par ailleurs, rien à voir avec la partie antérieure du cou? Pourquoi avoir peur des mots? Pourquoi ne pas dire **soutien-poitrine** ou **soutien-seins**? Ou peut-être, comme le suggère Jean Delacour, **l'atour des mamelles**[89]? Ou simplement prendre le nom que lui donnent les Belges, un **soutien**, car il est des fois où le non-dit exprime beaucoup plus que ce que l'on dit.

---

* « Le soutien-gorge soutient les faibles, maintient les forts et ramène les égarés » a écrit Jean Rafa, inspiré par ce verset de l'Écriture : « Je ramène les égarés, je soutiens les faibles et je comprime les puissants. »

Est-ce ainsi que les Français vivent ?

Avant de quitter le magasin, la curiosité l'emportant sur l'humiliation, Philippe décida de passer par le rayon des articles ménagers. Il voulait admirer, entre autres, les instruments culinaires de la gastronomie française.

Il n'en crut pas ses yeux. Les **chaudrons** (prononcez *casseroles*) étaient magnifiques, les **ustensiles** (prononcez *couverts*) superbes. Il trouva même des **machines à laver** semblables à celles qu'il utilise chez lui et des *séchoirs* qui, quoiqu'un peu plus petits, ressemblaient étrangement aux **sécheuses** québécoises.

Pour finir sa tournée, il se mit à chercher les **poêles**. On entend souvent dire que la cuisine est moins bonne quand elle est faite sur des ronds électriques. Qu'utilisent donc les Français ? Il n'allait pas quitter le magasin sans avoir satisfait sa curiosité. Le vrai tourisme, selon Philippe, ça commence au *Bon Marché*. Pas au *Louvre* !

Ne parvenant pas à trouver le **département** (prononcez *rayon*) des poêles, il s'approcha d'une vendeuse et, prenant sa voix la plus douce, lui demanda :

— Pardon mademoiselle, j'aimerais beaucoup voir vos **poêles**... s'il vous plaît !

La respectable vendeuse était stupéfaite. Elle n'avait jamais subi pareil affront. Elle haussa les épaules avec mépris.

— Foutez-moi la paix ! Macho !

Philippe avait entendu dire que les Parisiennes étaient facilement irritables mais, à ce point, il ne l'aurait jamais cru. Pour l'heure, nous sommes encore dans le flou. Toujours poli (la politesse calme l'irritabilité de l'ennemi), il reprit :

— Vous allez me trouver un peu curieux sans doute...

En matière orale, surtout en France, les mimiques ajoutent à la compréhension. Elle le coupa net, fronça les sourcils et s'apprêta à le gifler. On ne verrait pas cela chez un commerçant nord-américain aux yeux duquel, comme tout le monde sait, le client est roi.

— Suffit, n'est-ce pas? Ou j'appelle un agent!

— C'est que je suis touriste, ajouta-t-il dans une ultime précision.

— Ah! bon. Et on se pense drôle avec ça?

— ... Alors, j'aurais voulu voir les **poêles** que les Français utilisent pour faire leur cuisine.

Souriant comme si elle avait mordu dans un citron, la vendeuse répondit:

— Quand monsieur parle de poils*, monsieur veut sans doute parler de poêles à frire en Téflon, ou serait-ce de cuisinières? Poêles? Cuisinières?

— ... Poils d'une cuisinière?

Poilant!

---

* « Et jusqu'au nombril, retroussant son peignoir, leur montra qu'étant blonde elle avait le poil noir. » (L. Protat, XIXe.)

La suite du voyage a mortifié le touriste québécois. Il y avait de quoi. Pour combattre la transpiration, il n'a pas trouvé de *désodorisants* mais des **déodorants** (même si l'Académie française sue sang et eau pour que l'on dise *désodorisants*). Peu importe le nom, il les a pris en *stick*.

Malheureusement, il n'a pu rapporter aucune photo de son voyage, car il n'a pas réussi à trouver de **films** pour son **Kodak**. Il ignorait qu'il aurait dû commander des *pellicules*. Ces choses-là, lui, il les trouve habituellement dans ses cheveux...

On peut imaginer son désarroi quand il lui fallut demander – la nature a ses exigences – où se trouvait la **salle de bains,** qu'en réalité il aurait dû tout simplement nommer *toilettes, lieux d'aisances, sanitaires, cabinets d'aisances, cabinets* tout court (comme ceux des notaires), *water-closets, waters* (prononcez «ouatères» comme dans Waterloo) ou encore de la façon la plus brève et la plus concise (et pratique quand ça presse) par les initiales bien pudibondes *W.-C.* (dites «vécé»).

Sa petite fille lui avait demandé de rapporter une jolie **catin*** parisienne. Au *Bon Marché*, on lui fit comprendre que ce n'était pas tout à fait le genre de la maison mais que, s'il y tenait absolument (la pudibonderie n'est pas une caractéristique parisienne), il n'avait qu'à se rendre dans un certain quartier, de préférence le soir, le choix y étant habituellement meilleur à la tombée de la nuit...

---

* Au temps de la Renaissance, le terme *catin* était une marque d'affection et signifiait, comme cela arrive encore aujourd'hui au Québec, «poupée».

«Si tu vois gentilles catins
Assises sur les grands chemins
Tourne la tête, passe vite,
Et redoute les blés voisins.» (Parny, XVIIe.)

Suivant à la lettre les indications qu'on lui avait données, il se rendit rue Saint-Denis. Particulièrement dans le quartier des Halles, comme tout le monde sait, quand une femme ne s'arrête pas, c'est qu'elle ne marche pas et quand elle s'arrête, c'est qu'elle marche! Or une femme qui marchait s'arrêta justement. Elle était fortement maquillée et exhiba un sourire hypocoristique. La poupée, sans perdre de temps, alla au-devant de ses désirs :

— Tu es prêt à payer combien mon petit chou?

Les stratégies des commerçants français sont assurément plus familières et sensiblement plus énergiques qu'au Québec, se dit-il. Sa confusion était totale. Il voulait payer une **catin** à sa fille et on lui proposait maintenant de monter la choisir chez une inconnue.

— Les **catins**, vous ne les exposez pas dans les vitrines? osa-t-il remarquer.
— Non mais, d'où tu viens toi? T'es pas à Amsterdam ici, mon petit biquet. Allez, suis-moi, ne perdons pas de temps, mon gros loup...

On voit bien que vous n'êtes pas frOnçais!

Monique, qui un jour cherchait à se rendre sur les Champs-Élysées, se trompa de trajet. Au bout d'une heure, n'ayant toujours pas réussi à trouver l'Arc de triomphe, elle s'adressa à un inconnu :

— Pardon, monsieur, je suis tout **écartée**... vous pourriez peut-être m'aider?

Plutôt que de la secourir, l'homme, encore plus paumé qu'elle, se mit à rire à gorge déployée et repartit en se tenant les côtes répétant comme un perroquet :

— Ça alors... les **nénettes** aujourd'hui... Drôle d'époque!

Accostant un autre passant, à qui elle confessa son égarement, la touriste désemparée eut droit à un commentaire carrément plus trivial. Après l'avoir toisée d'un œil de gypaète, la lippe désabusée, le malappris lui rétorqua :

— Tu t'es fait **écarter le compas** et t'as peur que ça **chlingue le pâté**, ma loute?

L'expérience vécue par Maurice avait été moins insultante mais tout aussi déroutante. Il avait fait le projet de se rendre à pied à l'Opéra, mais il n'y est jamais parvenu. Un passant, à qui il avait demandé de lui indiquer l'itinéraire à suivre, lui avait conseillé de tourner à gauche au premier **feu**.

Un feu, normalement, c'est visible... Malheureusement, comme il n'avait pas vu de fumée ni de flammes, pas plus que de pompiers, il avait cru que l'incendie avait été éteint. Il avait bien pensé tourner à gauche après la première **lumière de trafic** mais il n'avait pas osé. On se perd tellement facilement dans la Ville lumière... D'ailleurs, il se demandait bien pourquoi on appelle Paris la Ville lumière. Après tout, il est prêt à témoigner que «c'est bien moins illuminé que chez nous... Serait-ce parce que certains Parisiens se prennent pour des lumières?»

Articulez bien surtout!

Mais l'expérience qui illustre encore mieux l'angoisse que vivent parfois les touristes québécois à Paris est sans doute celle d'un couple qui n'en était pourtant pas à sa première visite.

Au cours de précédents voyages, celui-ci avait déjà commis quelques bévues fécondes, vécu des méprises empoisonnantes et expérimenté une série d'incompréhensions doublées d'inoubliables humiliations. Autrement dit, il était vacciné. Dorénavant, avant d'ouvrir la bouche et risquer de se faire reprendre sur l'imparfait du subjonctif, nos deux Québécois veillaient à choisir les mots les plus appropriés et soignaient surtout leur articulation...

Ce jour-là, en arrivant à l'hôtel, ils décident de ne pas sortir, réservant leur premier dîner au restaurant pour le soir. Pendant que madame fait un brin de toilette, son mari va acheter du pain, du fromage et une bouteille de vin. Ils vont s'offrir un petit casse-croûte dans la chambre.

À la boulangerie, il va vivre son premier malentendu. Pas très habitué à commander une *baguette* ou une *ficelle*, il demande simplement :

— Un pain, s'il vous plaît.
— *De mie*? questionne la boulangère.
— Non, entier !

Encore heureux qu'il n'ait pas dit : le pain... **complet**.

De retour avec son pain, son fromage et sa bouteille de vin l'homme, s'aperçoit qu'il a oublié le tire-bouchon. Qu'à cela ne tienne, il repart aussitôt en acheter un dans une **quincaillerie** (prononcez *droguerie*) voisine. C'est là que l'horrible drame va se jouer.

Il entre dans le petit magasin où une vieille dame, charmante au demeurant, l'accueille avec le sourire :

— Monsieur désire ?

Le monsieur ne tient pas particulièrement à se faire dire : « Ah ! vous êtes du Québec ! Je reconnais votre accent. Comme c'est amusant... Gna-gna-gna... Nous on aime bien les Québécois, nos petits cousins... et patati et patata. » Alors il pince un peu son français en faisant une prudente économie de mots.

— Un tire-bouchon, dit-il succinctement.
— Un quoi ?

L'homme avale sa salive. Il se sent démasqué. Il a peur que l'on ne découvre l'indigence de son vocabulaire. Dans une ultime tentative pour se faire comprendre, il s'efforce de prononcer encore plus clairement. Si ça rate, tant pis, il avouera qu'il est québécois et qu'il ne sait pas comment on appelle en France l'objet qui sert à déboucher les bouteilles.

— Un ti-re-bou-chon, madame, s'il vous plaît... lâche-t-il presque suppliant.

— Un quoi, dites-vous ? redemande-t-elle comme si elle venait d'atterrir en plein inconnu.

Est-ce Dieu possible que les Français aient un autre terme pour désigner cet objet si utile et pourtant si résolument français ? Le pauvre diable est au désespoir. Comment expliquer à la commerçante qu'il cherche un instrument en métal muni d'une tige qui ressemble à une queue de cochon et d'un manche, qui sert à extirper le bouchon d'une bouteille de bordeaux qu'il voudrait bien boire avec son pain, son gros fromage et... sa petite femme. Il ne sait plus quelle circonlocution inventer. Au secours. Pitié madame.

— Alors, vous voulez quoi au juste ? redemande-t-elle en tendant l'oreille.

Impatiente, la dame semble elle aussi au bord de l'effondrement total.

— Mais je vous le répète, je...

À ce moment précis un jeune homme, qui se tenait dans l'arrière-boutique, vient à la rescousse.

— Écoute Mémé ! Ce qu'il veut le client c'est un TIRE-BOUCHON ! crie-t-il à tue-tête.

Puis, se tournant vers le touriste, il ajoute :

— Faut lui parler très très fort ! Elle est complètement SOURDE la grand-mère !

Voilà qui était d'une clarté biblique et qui prouve, comme le disait Carl Gustav Jung, que «quoique l'on dise, les mots n'expriment jamais le tout».

Cette fois-ci, au moins, on ne pourra pas accuser la langue d'être francofolle.

Les sanglots saxons

Tout le monde s'accorde pour dire que toutes les langues se nourrissent les unes des autres. Mais depuis quelques années, en France, la «balance linguistique» semble pencher nettement en faveur de l'influence anglo-saxonne.

Notons à ce propos que lors du lancement du *Concorde*, les manuels de vol étaient rédigés exclusivement en anglais. Il a fallu que les pilotes (tous français) protestent avec vigueur pour qu'Air France les remplace par des manuels français.

«Tant va la France, tant va la francophonie», dirait Gilles Vigneault.

Pourquoi en est-il ainsi ? Pour sa part, le journaliste et producteur André Halimi, toujours pantelant d'admiration pour ce qui arrive d'Amérique, note que si l'anglais a servi de langue commune à l'Europe on ne doit pas plus imputer la faute aux Américains qu'aux Français. Il s'agirait, dit-il, d'une fatalité historique, le résultat naturel de la guerre.

Selon lui, cette langue, qui continue à fleurir dans toutes les couches de la société, en particulier dans les médias, est populaire «pour la simple raison que les Américains sont des créateurs de mots. Sans arrêt leur langue s'enrichit de termes liés soit à des objets nouveaux, soit à des conditions d'être[90]».

Est-ce pour cela que 64,2 % des lycéens français choisissent toujours l'anglais comme première langue... seconde?

Un de ses plus vaillants défenseurs, René Étiemble, dénonçait avec vigueur, en 1973, l'invasion du *franglais* en affirmant que «le français importait plus que l'église Notre-Dame, cent églises romanes, autant de châteaux, mille chefs-d'œuvre!» «Ou bien nous régenterons le français ou bien il n'y aura plus de français[91]», affirmait-il.

Vingt ans plus tard, si on vit à Paris, on sait que pour être **number one** il faut soigner son *look*, avoir du *know-how*, ne pas oublier les *incentives*, travailler *non-stop*, **flasher** devant les collègues et essayer de gagner le *jackpot* afin d'atteindre le *top* avec son *hit*.

Mais ce *hit*, vaut mieux qu'il soit galloricain, franglais ou carrément *english*. Un avis que partage, en chantant, Jean Ferrat:

> «La langue française a fait son temps!
> Que pour être vedette à présent
> Il vaut mieux chanter en anglais
> Pour être encore en haut de l'affiche,
> Faudrait que j'susurre en anglishe,
> Si j'veux coller à mon époque
> Il me faut braire en amerloque!»

Après avoir constaté la même situation, son collègue Nicolas Peyrac a plié bagage pour aller s'installer au Québec où la chanson française a encore sa place.

Quand on sait que les mots ne servent pas qu'à désigner des choses mais qu'ils expriment une manière de penser, on ne peut certes pas rester indifférent à cette anglomanie qui nous donne par exemple:

> *Baby-boom, banana-split, best-seller, interview* (que les Québécois traduisent tout simplement par entrevue), *kit, V.I.P., check-up, feed-back, staff, fast-food, gadget, has-*

been, jackpot, job, pin's, remake, scoop, self, sprint, stock, superstar, thriller, walkman, zoom, etc.

N'oublions pas que la France a un penchant pour les «ing»:

Aquaplanning, body-building, brainstorming, briefing, brushing, building, camping, caravaning, casting, couponing, dancing, dispatching, doping, feeling, fixing, forcing, footing, franchising, jogging, kidnapping, kisslanding (quand le pape s'agenouille pour embrasser le sol à sa descente d'avion), *leasing, listing, mailing, managing, marketing, meeting, merchandising, nursing, packaging, parking, planning, pressing, pushing, scanning, shopping, skating, smoking, sponsoring, ticketing, time-sharing, timing, training, trekking, zapping*, et, bien entendu, *loving*!

Cette abominable «langue de... sexe pire» n'a-t-elle pas donné au Français: *peep-show, hard* et *strip-tease*?

Tout le monde se souviendra sans doute du Championnat du monde des voiliers de 1986 *(America Cup)* où la France a été représentée par un bateau portant le nom de *French Kiss*, expression qui, en français de France, veut dire *galoche, patin* ou *baiser lingual*. Avec un nom pareil personne n'a été surpris de voir le *French Kiss* se faire *baiser* dès la première manche.

Ce baiser, dont l'invention, selon une croyance répandue, appartiendrait à la France, a donné naissance, au Québec, au verbe **frencher**.

«Mon rêve aurait été de venir **frencher** avec toi sur le belvédère», écrivait récemment Pierrette X. dans un article du journal *Le Devoir*[92] qu'elle consacrait à son amoureux.

Tout récemment encore, la radio Fun Fm avait intitulé une de ses émissions, parmi les plus populaires sur ses ondes, *Lovin'fun de Doc et Difool*.

Durant l'été 1994, le slogan de la chaîne de télévision M6, à Paris, était: «La 6, *I Love...* Cet été c'est la télé la plus *love*!»

Manquant d'inspiration (française), un éditeur parisien a sauté sur le premier mot qui lui passait par la tête et a appelé sa boîte Éditions **First**.

Même les Japonais de France s'y mettent avec leur slogan : « *My Toyota is fantastic.* »

Aux élections présidentielles de 1995, il n'y avait pas plus français que les partisans d'Édouard Balladur et pourtant, sur toutes les banderoles de ses jeunes supporteurs on pouvait lire : *JUST DOUDOU IT !*

Pas étonnant que le magazine édité par le ministère de l'Intérieur porte le titre de *Civic*.

En 1971, un décret musclé paraissait dans le *Journal officiel* bannissant exactement 493 mots étrangers entrés de manière autant clandestine qu'illégale dans la belle langue française.

Le décret sommait les citoyens de dire « dans un délai de 90 jours » : franc-jeu au lieu de *fair-play* ; démarreur au lieu de *starter* ; allumeuse pour *pin-up*, etc.

Le délai a été dépassé depuis fort longtemps. Tout ce que ce décret aura réussi à faire, c'est prouver que le Français est un individu foncièrement désobéissant et irrespectueux des lois. La fulgurance de la preuve peut étonner, mais elle fait penser que la lutte contre l'invasion de l'anglais en France ne rallie pas tous les suffrages.

C'est le cas notamment de Pierre Daninos. Le père du célèbre Major Thompson fait remarquer à tous ceux qui brandissent leurs glaives qu'ils « vouaient aux gémonies l'envahisseur qui leur avait jadis permis de retrouver leur liberté d'expression, sans attribuer la plus petite responsabilité à l'ennemi de l'intérieur[93] ».

L'accueil que la France fait aux mots anglais choque les Québécois depuis fort longtemps. Le passage de Denise Bombardier à l'émission *Bouillon de culture* que Bernard Pivot a consacré au sujet en est un cuisant exemple.

Cette irritation ne date pas d'hier. Au début du siècle déjà, le journaliste et politicien Henri Bourassa se réjouissait de ce qu'il appelait «la salutaire séparation» des Canadiens français d'une France impie, blasphématoire et trop facilement accueillante de mots anglais!

Le traducteur et grammairien Pierre Beaudry, qui a toujours été en première ligne du combat linguistique au Québec, a récemment rédigé un mémoire dans lequel il soulignait

> «l'indispensable rejet des déformations dues à deux siècles de domination anglaise et qui sont d'autant plus difficiles à déraciner qu'elles bénéficient d'une familiarité les déguisant en particularités légitimes.
>
> [...]
>
> Mais cessons surtout de nous faire croire que nous parlons mieux que les Français, disait-il. Nous avons, me semble-t-il, le scandale un peu trop facile lorsqu'il s'agit de comparer nos anglicismes, de vrais ceux-là puisqu'ils véhiculent sournoisement des déformations du véritable sens des mots français, aux emprunts plus ou moins permanents de Paris, dont ceux qui ne seront pas consacrés par l'usage finiront bien par disparaître de leur belle mort. Nous aurions d'ailleurs bien mauvaise grâce de critiquer nos cousins tant que nos lois ne seront pas écrites avec la moitié de l'élégance et de la clarté des leurs[94].»

Signalons en passant que ce vaillant chevalier sait ce dont il parle puisque c'est lui qui, lors de la publication de la Charte de la langue française (destinée à la protéger au Québec), y a découvert pas moins de 200 fautes.

Que reste-t-il de ces 200 péchés (mortels ou véniels) dans la dernière version de la charte[95]?

Faudra voir. En attendant, ce que l'on peut constater à la lecture du chapitre concernant les droits linguistiques fondamentaux, c'est qu'il débute de la même façon que dans la première version, c'est-à-dire d'une manière étonnante:

« Toute personne a le droit que communique en français avec elle... » (!)

Daniel Poliquin pense pour sa part que « le français n'a d'avenir que si on cesse d'en faire un instrument de domination, que si on accepte aussi de l'enrichir par les mots pris à l'anglais. Le français sera sauvé le jour où on admettra que tous les français sont permis[96] ».

Cela dit, on ne peut tout de même pas nier qu'à Paris des rues entières nous donnent parfois l'impression de nous trouver aux États-Unis.

On a même l'impression que certains utilisent des appellations dont ils ne soupçonnent même pas la véritable signification en anglais. Comment expliquer autrement qu'une agence de voyages se soit risquée à prendre le nom de *Any Way* qui, comme tous ceux qui connaissent un peu la langue de Shakespeare le savent, peut vouloir dire « n'importe comment » !

Ou, mieux encore, ce restaurateur réputé pour ses tartes (et, à n'en point douter, pour le calembour bilingue) qui a baptisé son établissement *Tart'Inn*[97]. Je ne suis pas allé vérifier, mais si jamais sa maison est bondée d'Anglais esseulés, serait-ce parce que, dans la langue de Mme Thatcher, *tart* veut dire « prostituée » ? Du coup, son respectable restaurant devient une « auberge à putes ».

C'est pas de la tarte !

Après avoir dit aux camionneurs français qu'ils étaient sympas, on leur crie **Roulez cool!** Ça se veut choc, mais ça ne fait pas très chic, estime Michel Déon pour qui le conseil est démagogique, vulgaire et surtout pas très français.

Heureusement que la nouvelle marque du dentifrice Fluocaril, le Fluokid's, n'est pas importée au Canada : elle ferait bien grincer des dents.

Un fabricant parisien de bas de nylon offre des bas **Exciting** et on a vu une marque de produits d'esthétique garantir un **Fresh Look**.

À Paris, on peut trouver sans peine (comme l'anglais) le **Microfood** à la carotte et le soja **biostar**.

En consultant la carte de la capitale française offerte gratuitement aux touristes par l'Office de tourisme et de congrès de Paris, on est surpris d'y découvrir *Mountain bike trip –* **location** de *mountain bikes; Paris by cycle*, et une centrale de réservations hôtelières qui a pour nom *Allo inn*.

L'agence *Forum-Voyages* séduit ses clients en leur assurant que leurs vols sont *discount*, pas leur service !

Le *Bon Marché* vend ses fleurs (belles et pas chères, soit dit en passant) dans sa boutique *Flower Service*.

Toujours à Paris, quand on veut se faire livrer à domicile des aliments pour son chien, on s'adresse à *Dog Service*.

Je me demande si je n'accorderai pas la palme de toutes ces anglo-saxonneries aux créateurs parisiens d'une série de livres destinés à nous aider à « résoudre rapidement les difficultés qui nous barrent la route » dans la belle langue française. Publiés à Paris par Les Éditions du Jour/Paul Legrain, les fascicules s'appliquent à nous apprendre, en quelques leçons brèves, simples et claires, *L'orthographe d'usage, la conjugaison française, les difficultés de la langue française*, etc. Noble mission qui aurait eu ma confiance n'eût été du nom dont on a affublé cette collection vouée à la défense du français menacé par l'anglais. Croyez-le ou non, mais elle s'appelle : **Collection SELFS**. Bravo les copains ! *You did a great job !*

Les responsables de la chambre de commerce et d'industrie de Grenoble ont sûrement pensé que les Grenoblois comprendraient mieux la mission de leur organisme si la plaque apposée sur la façade de l'édifice était rédigée en anglais : *World Trade Center* (sous prétexte sans doute que leur chambre est membre de la World Trade Center Association).

De retour d'un voyage à Paris où l'invasion de l'anglais l'avait outrée, May Cutler, maire de Westmount, a livré sa liste au journal *La Presse*[98] : *Shop-in, Pant-shop, Walk-In, Feeling, Look, Auto Shop, Battery Center, Babybotte, Babylaine,*

Babyshop, *Petit Boy*, *Kwit Fit* (vêtements sur mesure), *Just Looking* (maillots de bain), *Self-Color* (peinture) et *China Park* (vaisselle).

Réflexion faite, il vaut mieux lire quelque chose en bon anglais que se heurter à une traduction bâtarde du style de celle que l'on trouve devant cet édifice d'Ottawa : **The Conference Board of Canada – LE Conference Board DU Canada.**

Yves Berger demandait récemment dans *Le Figaro Magazine* : « Parle-t-on encore français ? » Il avouait n'avoir pu retenir son courroux lorsque, sur toutes les colonnes Morris de la capitale, il a lu : « France Gall complètement **live** à Bercy. »

Vaillant défenseur de la langue française, l'écrivain note qu'en France, aujourd'hui,

> « le français est tellement semé de pièges et l'anglo-américain nécrose à ce point notre langue qu'on ne peut plus lire d'un coup d'œil sans se faire prendre. Pour entendre le français, il faut désormais connaître l'anglo-américain dont, en bonne logique et pour la santé mentale du peuple, nos gouvernements devraient rendre obligatoire l'apprentissage[99] ».

Un récent incident diplomatique qui mettait aux prises la France et les États-Unis démontre parfaitement la manière dont la langue anglaise a réussi à s'infiltrer dans les mentalités françaises. Il s'agit de l'expulsion de quatre agents secrets américains que les Français affirmaient avoir pris la main dans le sac. Dans ce branle-bas de combat, Son Excellence l'ambassadrice américaine Pamela Harriman fut convoquée à l'hôtel

Matignon pour s'expliquer avec les autorités françaises. Une armée de journalistes l'attendaient à sa sortie. Comme beaucoup, j'ai suivi l'événement à la télévision française. Devant les micros qu'on lui tendait, l'ambassadrice s'est contentée de déclarer, en français : « Pas de commentaires ! »

Et le présentateur du journal télévisé de nous expliquer le plus sérieusement du monde que cela signifiait : *No comments*[100] *!*

On ne s'en serait pas douté.

Parler comme tout le monde !

Pour se faire comprendre, l'essentiel c'est de parler comme tout le monde...

Et le meilleur endroit pour apprendre à communiquer avec les autres, avec l'accent parisien, demeure le bistrot. Précurseur du *fast-food*, le bistrot (du russe *bistro*, « vite ») est facile à trouver. Paris en est rempli. C'est un lieu accueillant, sérieusement enfumé mais bien commode pour qui veut s'initier à la langue des aborigènes. Il suffit de tendre l'oreille et d'enregistrer ce qui se dit. Si vous êtes jeune – ou si vous voulez le paraître –, allez là où se tient la génération *rap*. Si vous êtes du type intello, allez partout ailleurs. Où que vous alliez vous comprendrez que Stendhal avait raison lorsqu'il disait que le premier instrument du génie d'un peuple était sa langue.

Avertissement : si vous suivez le conseil et allez écouter aux tables, vous risquez de revenir les oreilles chargées et les zigomatiques raidis. Vous en voulez la preuve ? Soit.

— Vous êtes cons ou merde ?
— Nous fais pas chier ! Nous si on te dit ça c'est qu'on a vachement **gambergé**. Si tu ne veux pas nous écouter, on s'en **tamponne** les **paluches**, Hé ! Ducon !

— **Ça craint**! Je vous connais, vous **glandez** toujours dans le **mesquin**!

— C'est pas de notre faute si, à ton âge, t'as déjà des **gniards**. T'as l'air **ringard** un **max**. T'es **barjo**, **mec**! Tu nous **scies** le moral!

— En tout cas, vous, avec vos **tronches**, vous avez l'air de vrais **toxicos lessivés**... vous êtes des **nulasses**! Dès que vous voyez un Pascal, vous devenez **molletons**. Un jour, on vous retrouvera à la maison **poulaga**!

— Y a aussi que ta **morue** elle est complètement **dosée**. Dire qu'elle te rend **jalmince**. Pas surprenant qu'avec des **nibards** comme qu'elle a et son cul qui est vachement **canon**, les **mecs** qu'elle rencontre ne pensent qu'à **conclure**... Normal mais pour toi ça doit être **galère**... Tu ne dois pas te **fendre la pêche** bien souvent dans ta **piaule**. Tu te touches la nuit? T'es **naze**, gars, ou quoi?

— Si je voulais **m'éclater**, c'est pas avec des **fachos** comme vous que j'irai. Vous me faites **gerber**!

— Et toi tu nous **gonfles**! Non mais, tu t'es vu un peu Ducon Lajoie avec tes **tatanes** en **croco**? Allez, viens Maurice, on se casse! À traîner avec ce **gnolgui**, on risque de se **choper** une saloperie...

Ça ne vous donne pas l'envie de chanter la chanson d'Yves Duteil?

« C'est une langue belle, avec des mots superbes,
qui porte son histoire à travers ses accents,
où l'on sent la musique et le parfum des herbes,
le fromage de chèvre et le pain de froment... »

Dire que le discours révolutionnaire français prédisait que « le français deviendrait la langue universelle, étant la langue des peuples ».

Rien ne sert de se décourager. Il faut prêter foi à Alfred Gilder, qui trouve que tout espoir n'est pas perdu :

> « Si le parler national se détériore de façon profonde et irrémédiable, dit-il, les Français et les autres francophones formeront une communauté que séparera une même langue, laquelle pourra toujours se réfugier en Belgique, sur les bords du Sénégal ou du Saint-Laurent[101]. »

Heureux qui comm… unique !

Bien sûr, tout le monde n'est pas chargé de favoriser l'ouverture et le dialogue dans la grande francophonie. Du moment qu'on communique. Car, la première raison d'être d'une langue, n'est-ce pas la communication ? Ou je me trompe ? Car il se pourrait que la langue soit aussi faite, comme le croit François-Bernard Huyge, pour… ne pas communiquer !

> « Nos camarades faux culs le savent depuis longtemps, dit-il. C'est une langue sans réplique. Elle émet des propositions qui laissent une telle place à l'interprétation que chacun est libre de comprendre ce qu'il espère[102]. »

Quand je lis certains livres, je ne peux qu'approuver. À preuve ce court extrait d'un essai qui m'est tombé entre les mains (et des mains) dernièrement :

> « Vivre la métaphysique revient à occuper successivement les places les plus inconciliables (Dieu et Satan, la pureté et l'abjection, le refus de la sexualité et la masturbation "à mort"), à faire éclater cet antagonisme dans l'unité paradoxale du texte et, par le creusement du langage, à révéler que la pureté des concepts ne se fonde sur aucun "en-soi" ni aucun vide, mais se conquiert sur l'impureté radicale d'où émerge la langue et qui demeure occulté par la croyance dans les catégories grammaticales[103]. »

Que ceux qui n'ont pas compris lèvent la main...

Jacques Sternberg signale que des « simplets ont réussi à se faire un petit nom dans les milieux littéraires parce qu'ils ont compris, sans le faire exprès, une loi parisienne de première importance : pour intéresser, il faut aller jusqu'au bout de l'ennui. Pour impressionner, il faut faire chier... » Pour illustrer sa pensée, il nous renvoie à un texte de Pierre Rottenberg. Voici cette inimitable merveille :

« Le livre est un ensemble décroché qui pend à l'intérieur de l'espace du monde non pas des guillemets qui donneraient son accent à la phrase mais une phrase chassée sur la surface du livre là où précisément se recompose la fumée de cigarette le miroitement du verre la salle de café à l'intérieur du mouvement qui recompose la phrase dire alors l'un quelconque de ces mots non pas comme des mots mais comme l'égal des éléments du monde sans cesse repris dans l'idée qu'on s'en fait tout est toujours déjà dit une phrase dans le monde n'est jamais qu'un certain nombre de mots en trop et c'est le jeu visible bien qu'invisible des guillemets élément de sécurité de cet espace dans le monde dans son espace il y a violence des signes guillemets tiret virgule parenthèse ils font jouer la matière créent en elle des forces qui l'attirent dans un sens ou dans l'autre parfois et c'est une idée du temps qu'il faut entièrement reviser il peut sembler que le livre c'est-à-dire le livre réduit au jeu de ses séquences est pris à l'intérieur du jeu de tel ou tel signe on a l'image précise physique de cette action aiguë électrique du signe faisant passer l'électricité dans un seul sens créant un système de polarisations à l'intérieur des séquences rassemblées et pulvérisées à la fois cette image il va y avoir irisée par l'électricité blanche la déjà blanche exploratrice dans la forêt-vierge dont c'est alors une qualité en somme électrique d'être aussi perdue bien voir que rien ne passe ou que tout passe[104]. »

Décidément, on dirait que certains prennent un vilain plaisir à compliquer la langue française qui est censée (d'après les Français) être la langue la plus claire du monde. Langue délicate, aux multiples nuances, aux infinies subtilités, langue tout indiquée, prétend-on, pour rédiger des traités internationaux quand on veut éviter les ambiguïtés. Malheureusement, cette langue des princes, ce paragon de clarté, est devenue, comme dit Paul Guth, « un idiome de clochards, un sabir de poubelles ou de loques de franglais s'accrochant à des débris de parler journalistico-radiophonico-télévisuels »...

Sans compter qu'il y en a qui sont capables de la parler sans se lasser et, ce qui est encore plus affligeant, sans jamais prononcer un mot qu'on pourrait trouver dans *Le Petit Larousse* ou dans *Le Grand Robert*.

Parlons caustique

Dans les années soixante-dix, Robert Beauvais révélait à la francophonie malade de sa langue un nouveau français :

> « Il y a environ deux mille ans, disait-il, la France c'était la Gaule. Pendant des siècles, la France a été la France : aujourd'hui la France est encore la France, mais on l'appelle l'Hexagone. Et j'appelle hexagonal le langage nouveau qui est en train de s'élaborer à l'intérieur de l'Hexagone, et cela à une telle cadence que le français ne sera bientôt plus qu'une langue morte enseignée dans les établissements secondaires, jusqu'au jour où la loi dispensera les jeunes Hexagonaux de son étude. Il sera alors l'affaire de quelques spécialistes, tout comme le latin[105]. »

Un quart de siècle plus tard, certains Français préfèrent toujours la langue compliquée à la pureté fonctionnelle du français classique. Comme si le parler obscur était mieux adapté à l'avenir obscur de la francophonie dont la réalité d'aujourd'hui ne cède en rien à la fiction. À preuve cette petite conversation entre deux hommes d'affaires qui prennent la causticité pour une preuve d'intelligence et nagent avec délectation dans le rêve exquis d'une dégustation de mots singulièrement alourdis et inutilement obscurs :

— Vos attitudes mentales personnelles, mon cher, votre spécificité, de même que votre développement affectif et psychomoteur ne doivent pas nous faire perdre de vue les attractions psychogènes instinctives qui sont, ne nous le cachons pas, des résonances sécurisantes dans une organisation spatio-temporelle comme la nôtre où la pluralité des aliénations est génératrice d'exogamie.
— Je suis heureux de vous l'entendre dire!
— Votre fièvre obsidionale, pour ne pas dire votre solitude, vous force, je l'ai saisi tout de suite, à prendre une distanciation par rapport aux paramètres mass-médiatiques des statuts transitoires qui doivent affronter, vous vous en doutez, nos exigibilités réciproques.
— J'entends bien...
— Suis-je assez clair ?
— D'une clarté aveuglante, au point que je devine ce que vous allez dire.
— Très bien. Je sens donc, mon cher confrère, vous permettez que je vous appelle ainsi, n'est-ce pas ?
— Je vous en prie...
— Merci. Je sens donc votre motivation et votre dynamisme concurrentiel qui, j'y veillerai, je vous le promets, fera évoluer dans un sens positif la fameuse clause contractuelle qui vous préoccupe et qui vous mettra à l'abri des gonflements dus aux inévitables et irritables indexations. Les autres lexèmes que l'on pourrait avancer dans le cadre de notre discussion ne feraient que minimiser le

niveau important, auquel je tiens tout comme vous, je le reconnais, de cette durabilité de nos relations tant professionnelles qu'amicales.

— Je ne sais pas comment vous remercier.

— Allons, allons. L'inconfort culpabilisant qui agit de façon décapante et corrosive perturbe trop souvent, hélas, vous en savez quelque chose, les relations qui devraient toujours rester simples. Restons surtout directs et simples, oui, voilà : simples ! Pour finir, je voudrais vous signifier que dès à présent j'ai l'intention de délivrer, et cela corrélativement, une note aux hautes instances qui verront, je peux vous l'assurer, à vous proposer une fourchette à l'intérieur de leurs moyens. Vous pourrez, dès lors, assurer une comparabilité et une compétitivité aisément coefficientées dans le cadre de ce que vous recherchez. Bon, là-dessus il faut que je file. Mes respects à madame votre épouse qui, j'espère, se porte à merveille !

Oui, c'est sans doute une bouillie de vocables… mais c'est quand même du français !

Combien de fois dans votre vie n'auriez-vous pas été tenté de vous mêler à une conversation de ce genre ? Malheureusement, les propos totalement incompréhensibles que vous entendiez ne vous ont-ils pas laissé sans voix ?

En parlant de la cause majeure de l'universalité de la langue française, Rivarol avait pourtant dit :

« Le français nomme d'abord le sujet du discours, ensuite le verbe qui est l'action, et enfin l'objet de cette action : voilà la logique naturelle à tous les hommes, voilà ce qui constitue le sens commun. Or cet ordre si favorable, si nécessaire au raisonnement, est presque toujours contraire aux sensations, qui nomment le premier l'objet qui frappe le premier… L'inversion a prévalu sur la terre, parce que l'homme est plus impérieusement gouverné par les passions que par la raison. Le français, par un privilège unique, est seul resté fidèle à l'ordre direct, comme s'il était tout raison... C'est de là que résulte cette admirable clarté, base éternelle de notre langue. CE QUI N'EST PAS CLAIR N'EST PAS FRANÇAIS[106]!»

Oh yeah? Bah, mon vieux Rivarol, si tu entendais ce qu'on entend de nos jours, tu te fêlerais les côtes en te retournant dans ta tombe... Tiens, pour t'en convaincre, je t'ajoute ce petit supplément puisé dans un livre récemment publié à Paris par Jean-François Kahn :

«Mais la question sérieuse est en fait celle-ci : quelle est la probabilité pour qu'en 150 millions d'années un jaillissement hasardeux de mutations aléatoires débouche sur la conception et l'élaboration de cette machine à ce point intégrée et finalisée qu'est une oie sauvage ou un épervier? Autrement dit, pour reprendre l'assimilation classique des lignes chromosomiques à un alphabet, quelle est la probabilité pour que, fût-ce en 100 millions d'années, une série de tirages, comme à la tombola, de lettres de cet alphabet permette de composer l'équivalent d'une pièce de Shakespeare en anglais[107]?»

Il paraît qu'il n'y a pas eu de blessés...

Quand la francaophonie est rendue *baba cool* (ou baba Kahn) à ce point-là, je ne sais pas si, tout compte fait, on ne ferait pas mieux de... «switcher» carrément à l'anglais.

Purification ethnique de la langue?

Lorsqu'elle était encore ministre de la Culture du Québec, Liza Frulla avait déclaré qu'elle «apportait son *soutien*» au projet de loi linguistique (la loi Toubon) du gouvernement français. Elle n'avait visiblement pas consulté Montesquieu qui disait : « Quelque chose que l'on soutient c'est quelque chose qui tombe. » Il devait savoir ce dont il parlait l'auteur de *L'Esprit des lois* (le célèbre ouvrage qui inspira les origines de la Constitution). Qu'importe. L'engagement historique a été pris dans une « parfaite communauté de vue » et on a dû vivre avec. Pas trop longtemps. Jusqu'au moment où, en France, la loi fut rejetée et où, au Québec, Liza perdit les élections. Pourtant, l'harmonie exemplaire qui animait ces deux compagnons de la lutte pour la « désanglification » de la langue française dénotait un désir sincère de régler leur sort aux tournures fautives de phrases empruntées à l'anglais ou à l'américain. La lutte continuera sans Liza et Jacques, car beaucoup de défenseurs de la langue française la trouvent parfaitement justifiée. Une fois le grand ménage terminé, il ne leur restera plus qu'à entreprendre la grande purification ethnique de ladite langue car, comme un malheur ne vient jamais seul, en plus des mots anglais la malheureuse s'est laissé envahir insidieusement par une multitude de mots encore plus... étrangers.

Il n'y a pas de quoi rire ! Il est de notre devoir d'écrire dans le meilleur français possible, même si parfois l'exercice est au-dessus de nos moyens, comme il le fut pour moi lorsque j'ai eu à rédiger le texte que voici :

Le **salon** (italien) était très **pittoresque** (italien). On pouvait y faire la **sieste** (espagnol), **blotti** (allemand) au fond d'un **sofa** (arabe), y jouer au **poker** (anglais), **trinquer** (allemand) un verre de **bière** (néerlandais) avec une **strip-teaseuse** (américain), se **bagarrer** (basque) avec un **gangster** (américain) **métèque** (grec) ou simplement déguster des **meringues** (polonais) et des **chocolats** (aztèque) avec un **hâbleur** (espagnol) **fantoche** (italien).

Lieu de rencontre favori de tous les **rastaquouères** (espagnol), **forçats** (italien), **racketteurs** (américain) et **bandits** (italien) de tout acabit vêtus de **bleu-jeans** (américain), ce **vivoir** (québécois) n'en était pas moins une **oasis** (égyptien) où semblaient aimer se retrouver toutes les figures de **proue** (italien) du monde **sportif** (anglais), musical et gastronomique.

En effet, on y parlait là aussi bien de **polo** (tibétain), de courses de **side-cars** (anglais), de **ping-pong** (anglais), de **basket-ball** (américain), de **badminton** (anglais), de **golf** (anglais), de **green** (anglais) que d'**orchestre** (grec), de **concert** (italien), de **csardas** (hongrois), de **boléro** (espagnol), de **mezzo-soprano** (italien), de **balalaïka** (russe), de **ballet** (italien), de **quintette** ou encore de **ravioli** (italien), de **spaghetti** (italien), de **samovar** (russe), de **shaker** (anglais), d'alcool **frelaté** (néerlandais), de **parmesan** (italien), de **patates** (arouak d'Haïti) frites, de **bar** (néerlandais) à la chair très tendre, de **bifteck** (anglais) saignant et de beaucoup d'autres **délicatesses** (italien).

Ce n'était pas par **hasard** (arabe) que toute cette **bande** (germanique) **blafarde** (allemand) **bivouaquait** (suisse allemand) ainsi dans ce curieux **bazar** (perse) aux côtés de jolies femmes **blondes** (germanique) exhibant de jolies **bagues** (néerlandais) en or 18 **carats** (arabe) qu'elles **caressaient** (italien) avec tendresse.

Cette **mascarade** (italien) **travestie** (italien), remarquable par ses **anoraks** (inuit) et ses **flèches** (néerlandais) aux **coloris** (italien) éblouissants, formait la **mosaïque** (italien) d'un **film** (anglais) en pleine production.

S'ils avaient eu à passer la **douane** (persan), ils se seraient tous fait arrêter et passer à la **douche** (italien).

Signé : **Alain** (français) **Stanké** (lituanien)

P.-S : Vive la pureté de la langue française ! **Halte** (allemand) au **désastre** (italien). **Stoppons** (anglais) le **carnage** (italien) ! **Débarrassons** (italien) le français de tout ce **charabia** (berbère). Sinon ce sera l'**hécatombe** (grec).

Morvan Lebesque n'avait-il pas raison de dire qu'« il est d'une langue comme d'une nation : toute pureté raciale excessive l'appauvrit. Qu'est-ce qu'une langue vivante, sinon une création continue, une situation ininterrompue d'absorptions de langues étrangères[108] ».

Neuvelangue et peur du mot juste

Depuis quelque temps, Français et Québécois se sont mis à avoir peur du mot juste, du terme approprié, de l'appellation adéquate.

> « Aujourd'hui, disait le regretté Pierre Desproges, il n'y a plus de pauvres affamés sous-développés mais de **sémillants affamés** en voie de développement. Il n'y a plus d'infirmes mais de **pimpants handicapés**. Plus de mongoliens mais de **brillants trisomiques**. Réjouissons-nous, nous vivons dans un siècle qui a résolu tous les vrais problèmes humains en appelant un chat : un chien[109] ! »

Prenons l'exemple du mot *vieillard*. Tout comme le vieil homme qu'il est censé décrire, ce mot a vieilli. Il s'est usé. Et comme il gêne et fait trop penser à l'ultime naufrage, maintenant on dit : **personne retraitée**, **personne du troisième âge** ou on parle paradoxalement de l'**âge d'or**. C'est vrai que de nos jours l'or n'est plus ce qu'il était. Je sursaute toujours devant la pompe lorsque, avant de faire le plein, mon garagiste* me demande : « Je vous fais le plein avec de l'**or**, du **bronze** ou de l'**argent** ? » Je trouve que le pompiste est à côté de ses pompes. Ce n'est pas exactement ce qu'il me met dans le réservoir qui est de l'or, c'est plutôt le prix que je le paie, oui !

---

* Shell, au Québec.

De nos jours, note Pierre Foglia, on ne parle plus d'abattage des phoques, on parle de **récolte raisonnable** ou de **rétablissement d'équilibre écologique**. «Aux Îles-de-la-Madeleine,

dit-il, on récolte le phoque comme on récolte des cerises au Portugal. Ça fait tellement moins mal[110]. »

« Dans ma jeunesse, on appelait les **nécessiteux** des "pauvres" mais on y mettait plus de tact ! » rappelle Françoise Giroud[111].

Aujourd'hui, les pauvres ont été remplacés par des **économiquement faibles** ; les débiles, par des **handicapés cérébraux**. Et les paysans sont devenus des **exploitants agricoles**. Quant aux Noirs, ce sont des **personnes à faible teneur en mélamine**.

Tout le monde a entendu dire qu'aujourd'hui il n'y avait plus de sourds. Malheureusement ce n'est pas grâce au progrès médical qu'ils sont devenus plus rares... Entendez par là que les sourds sont devenus des **malentendants**.

Vous avez sûrement vu aussi que du même coup les aveugles sont devenus des **non-voyants**. Les infirmes ne le sont plus. Ils sont devenus des **personnes à mobilité réduite**.

Avant on louchait, maintenant on souffre de **strabisme convergent**. Il n'y a pas très longtemps on pouvait encore être chômeur. Aujourd'hui, on est devenu **demandeur d'emploi**. En vertu sans doute du principe selon lequel qui ne demande rien n'a rien...

Il n'y a plus de nains non plus. Ils ont fait place aux **personnes à croissance limitée**. Plus d'alcooliques mais des personnes à **sobriété différée**.

Puissent les militants de Pro-vie se réjouir : il n'y a plus d'avortements ! il n'y a que des **interruptions volontaires de grossesse** !

Par ailleurs, aujourd'hui, on ne fait plus faillite. C'est démodé. Plutôt, **on assainit son bilan financier**. Ça ne rapporte pas plus de fric mais... c'est nettement plus digne.

Il y a de moins en moins de facteurs et de plus en plus de **préposés à la distribution du courrier**.

Les domestiques sont devenus des **employés de maison**, les concierges, des **gardiens** et les balayeurs, des **techniciens de surface**.

Ceux qui peuplent nos prisons, devenues des **institutions carcérales**, ne sont plus considérés comme des détenus ou des prisonniers. Ils sont devenus des **bénéficiaires du régime carcéral** dont ne s'occupent plus des gardiens mais des **agents correctionnels**.

Le bureau du personnel a fait place à celui des **ressources humaines**. Ce qui ne l'empêche pas, malheureusement, d'être souvent moins humain qu'avant.

On ne vole plus, non plus. Maintenant **on détourne des fonds**. On n'attrape plus de maladies vénériennes, celles-ci ont été remplacées au Québec par des **MTS** (maladies transmises sexuellement) et en France par des **MST** (maladies sexuellement transmissibles).

Les inculpations ont fait place aux **mises en examen**.

On ne se questionne plus sur des problèmes, **on se pose des questions sur la problématique**.

On ne prononce plus le mot peau. C'est trop vulgaire. On dit **barrière cutanée**.

On ne va plus bronzer, **on va gérer son capital solaire**.

On n'est plus charitable, **on donne dans le caritatif**.

Dire d'une femme que ses seins tombent est une remarque trop indélicate pour que l'on hésite à la remplacer par le **tissu conjonctif a faibli**. La nouvelle expression ne remontera certes pas ni l'objet du délit ni le moral de la victime, mais le silicone n'étant plus, non plus, la panacée qu'il a déjà été, alors...

Quand on a des enfants et que l'on est veuf ou veuve, divorcé ou divorcée ou célibataire, on est un **monoparental** (yak!).

En France, on ne parle plus des territoires d'outre-mer mais d'**européphéricité**.

On n'est plus jamais grippé. On développe plutôt un **épisode grippal**.

Il n'y a plus de mouroirs, ils ont été remplacés par des **unités de soins palliatifs**.

La mort elle-même n'est plus ce qu'elle était. Elle est devenue un **processus biologique terminal**. C'est moins tragique.

Dérouté par cette réforme, avant de mourir... que dis-je ? avant de **partir**, avant de **s'éteindre**, avant de **disparaître pour toujours**, avant d'être **enlevé à l'affection des siens**, Pierre Desproges a suggéré que dorénavant les imbéciles soient appelés des **malcomprenants**.

À l'allure où évolue le vocabulaire, bientôt on ne dira plus des filles on dira des **préfemmes**. Et quand on voudra parler d'un candidat défait aux élections, on dira de lui que c'est un

candidat non élu. C'est tout de même moins humiliant. D'ailleurs, on dira vraisemblablement de lui qu'il a été **non élu à plate couture**. Les perdants seront devenus des **non-gagnants**. Belle victoire!

Tout est bien qui finit bien entre les **bien-vivants**, les **bien-pensants**, les **bien-souffrants** et les **bien-mourants**.

Cette peur de faire face à l'emploi du mot précis s'étend aussi au domaine de l'enseignement où la gymnastique, on s'en souviendra, a été la première à se transformer en **expression corporelle**. La lecture, elle, est devenue **activité d'éveil**, la récitation (s'il y en a) se nomme **expression orale** quand ce n'est pas un **exercice d'acte de parole** et la rédaction, **expression écrite**.

Les cours ne sont plus des cours, ce sont des **séquences pédagogiques**. On ne parle plus de livres mais plutôt de **supports écrits**. Avec la **neuvelangue**, les notations sont dépassées. Aujourd'hui, on n'a plus besoin de noter. Aujourd'hui, on ne fait plus d'examens mais des **évaluations**. On a raison. Parce que c'est vachement humiliant d'être un premier de classe... Et là, comme on a encore la trouille de mal évaluer les **mouflets** ou les **flots** (enfants), on préfère faire des **notations critériées**, **sommatives** ou **formatives**. Plus c'est approximatif, meilleur c'est... Et pendant ce temps, l'élève (qui n'apprend pas mieux pour autant) est devenu un **apprenant**. Logique, puisque l'autre est un enseignant!

Devant tous ces changements, je me sens quand même privilégié car, à l'âge de mes petits-fils, moi, j'avais une maîtresse!

La rue est devenue un **espace piétonnier**, le réfectoire, un **espace restauration**, le point de vue, une **aire de vision**, une bretelle d'autoroute, une **microstructure d'approche véhiculaire** et un nid de poule, une **dénivellation dans l'axe**. Quant aux policiers, ils n'arrêtent plus personne, ils **interpellent**!

Allez-vous vous en souvenir?

Côté travail, ce n'est guère mieux. À cause de la récession, les entreprises ne procèdent plus aux congédiements ni aux licenciements. Elles **décrutent** ou elles **dégraissent**. Ça fait moins mal... sauf que le bougre qui a perdu son emploi, lui, sait très bien qu'il n'a pas été dégraissé. Il a été **viré** ou, si l'on préfère que ça baigne dans l'huile, tout simplement **vidangé** !

La galère ! Pour que l'on ne finisse pas par tous devenir des **non-entendus**, entendons ces quelques termes complétant la liste des suggestions :

Les jeunes devraient peut-être s'appeler des **non-âgés** ou des **non-vieux**. Les individus sans problèmes de motricité (qui ne bénéficient pas d'une place privilégiée pour garer leur automobile), des **non-handicapés**. Ceux qui sont pour le respect et l'égalité des races, des **non-racistes** ; les hétérosexuels, des **non-gais** ; les gens qui ne jouissent pas d'un QI au-dessus de la moyenne, des **non-surdoués** ; ceux qui ont un toit pour dormir des **non-sans-logis**. En France, ceux qui gagnent plus que le salaire minimum des **non-smicards** et au Québec, ceux qui ne touchent pas de prestations du bien-être social des **non-BS**. Ceux qui ne sont pas de souche québécoise, des **non-souchiés**, et ceux qui sont francophones et fiers de leur identité, des **non-allophones**. Quant à ceux qui croient en Dieu, il faudrait les baptiser les **non non-croyants**.

Les non-dits, c'est tellement plus éloquent !

À propos des non-croyants, l'abbé Pierre a déjà expliqué que la dénomination était absurde : « Comment peut-on définir quelqu'un par ce qu'il n'est pas, sans rien dire de ce qu'il est[112] ? »

Et puis, pour ne pas être en reste avec la négritude, on pourrait clamer avec fierté son appartenance à la **non-négritude**, ou sa **blanchitude**, sa **kabylitude**, ou encore son appartenance à son **asiaticité**.

Ah ! quelle époque épique qu'est la nôtre où, comme le dit Denys Lessard :

« Le terme **malvoyant** est mal vu ! **invalide** est jugé boiteux et **malentendant** ne suscite que des malentendus. Qu'est-ce qu'on attend, à ce compte-là, pour faire disparaître un terme aussi malpropre que **malodorant**? [...] Toutes ces expressions édulcorées me rappellent ces chocolats de santé que vendaient autrefois les pharmaciens. Ils dissimulaient sous un enrobage alléchant un vulgaire quoique bénéfique laxatif[113]. »

Les féminins plutôt singuliers

Pendant ce temps, les féministes francophones luttent désespérément pour faire corriger des siècles d'injustice et tentent, elles aussi, de nous faire adopter un nouveau parler conjugué au féminin.

C'est vrai que l'expression **célibataire endurcie** est nettement plus avantageuse que l'expression **vieille fille**. On est habitué à parler d'homme à homme et pas de **femme à femme**, de chasse à l'homme, pas de **chasse à la femme**, de beau parleur, pas de **belle parleuse**, d'amateur de bonne chère, pas d'**amatrice de bonne chère**. On dit : Ça ne nourrit pas son homme, et non : **Ça ne nourrit pas sa femme**. On fait son petit bonhomme de chemin et jamais **sa petite bonne femme**...

Par contre, lorsqu'on parle de poursuite d'opposants politiques à la McCarthy, on dit bien chasse aux sorcières et non **chasse aux sorciers.**

Allez donc comprendre la logique.

Dans mes vieilles leçons de grammaire, on m'avait pourtant appris, comme à tout le monde, que le genre masculin l'emportait sur le genre féminin. En vertu de cette même règle, lorsque je parlais de la Déclaration des droits de l'homme, je croyais aussi embrasser les femmes... (avec passion).

Et Dieu dans tout cela ? Métaphoriquement parlant, il est mâle (pour notre bien ?). L'Église ne dit-elle pas que « Dieu a créé l'homme à son image » ? Après une telle affirmation, il est difficile de ne pas remettre le silence de la femme en question.

Surtout quand la Bible dit: «C'est un don de Dieu qu'une femme silencieuse.»

La justice sera peut-être enfin rétablie grâce à la nouvelle traduction de la Bible (publiée par Oxford University Press en septembre 1995) dans laquelle on a remplacé «Dieu le père» par «Dieu père et mère».

Vous avez dit injustice? Vous n'avez pas tout à fait tort. D'autant que la **salopecratie** véhiculée par la langue française ne date pas d'hier. En 1846, une certaine Mlle Spartacus (Émile Souvestre) avait pris le soin de rédiger une Déclaration des droits de la femme et de la citoyenne dans laquelle, à l'article premier, on pouvait lire l'affirmation suivante: «Dieu sera désormais du genre féminin, vu sa toute-puissance et sa perfection.»

Passons.

Benoîte Groult se bat depuis fort longtemps pour que l'on dise **factrice** et **sculptrice**. On dit bien souveraine et châtelaine. En partant du même principe, ceux qui n'acceptent pas le mot doctoresse insistent maintenant pour que l'on dise **notairesse, docteuse, docteure** ou **doctrice**. Ils (ou seraient-ce elles?) aimeraient que l'on utilise **professeure**. D'autres encore souhaiteraient que l'on retienne **auteuse, autrice, auteure** ou **écrivaine**. Ce n'est pas le cas d'Anne Hébert[114], femme de lettres éminente, qui ne prise pas être appelée **écrivaine** ou **autrice**. Pour sa part, Gabrielle Roy m'avait dit elle-même: «Vous remarquerez que je dis écrivain et non **écrivaine** ou **auteure**. Je ne suis pas encore tombée sur la tête!»

Si l'on prête foi au *Dictionnaire des Caraïbes* (1664) et à l'*Histoire naturelle et morale des Îles Antilles* (1665), et je ne vois pas pourquoi on ne le ferait pas, pendant 200 ans les Antillaises étaient toutes *bilingues*. Elles parlaient *femme* entre elles et *homme* dans leurs rapports avec les hommes. Et les hommes, eux? Eh bien, ils étaient (comme beaucoup d'anglophones du Québec jusqu'à tout récemment) unilingues.

Comment ne pas être d'accord avec les sociologues qui ont constaté que la langue des hommes, cet instrument de domination sur les femmes, ne date pas d'hier ?

S'il faut en croire *Le Dictionnaire néologique* de l'abbé Desfontaines, on avait justement suggéré, dès 1725, que le mot *auteur* soit féminisé par **autrice**. Dans une pièce de Mercure (1726) n'était-il pas déjà question d'une certaine « dame autrice » ?

Il y a plus de 50 ans, dans sa *Grammaire historique de la langue française*, Nyrop écrivait : « Le grand mouvement féministe commencé dans la dernière moitié du XIXe siècle a été très favorable à la création de nouvelles formes féminines[115]. »

Mais non, l'idée n'est pas née d'hier. Damourette et Pichon avançaient que « dans une société où il deviendra normal de les voir exercer les métiers d'avocat, de médecin, d'écrivain, il sera naturel qu'il y ait pour les femmes se livrant à ces métiers des dénominations féminines comme il y en a pour les brodeuses ou les cigarières[116]. »

Albert Dauzat, grammairien réputé, remarquait pour sa part :

> « La femme qui préfère pour le nom de sa profession le masculin au féminin accuse par là même un complexe d'infériorité qui contredit ses revendications légitimes. Dérober son sexe derrière le genre adverse, c'est le trahir. Dire madame le docteur, c'est proclamer la supériorité du mâle dont le genre masculin est l'expression grammaticale[117]. »

Bien entendu, on ne saurait en aucun cas être d'accord avec Wolinski lorsqu'il suggère d'améliorer la condition féminine au plus vite parce que, dit-il, « les cuisines sont trop petites, les lavabos trop bas et les queues des casseroles mal isolées[118]. »

Disons, pour notre part, que tant que le mot *ménagère* restera uniquement féminin, la langue française restera, elle, la langue du mépris.

Ainsi, comment ne pas être d'accord avec Jacqueline Feldman lorsqu'elle affirme :

« De toutes les armes qui servent à dominer les femmes, la plus subtile et la plus pernicieuse est sans doute la langue. Première forme de "socialisation globale", c'est aussi la plus ancienne et celle qui agit de façon la plus inconsciente, donc la plus efficace[119]. »

Il y a un siècle ou deux, un mouvement d'avant-garde avait déjà entrepris de féminiser certains mots. Malheureusement, ces nouveaux mots n'ont pas tenu la route. Il s'agit entre autres de : **jugesse**, **miresse** (pour femme médecin), **charlatane**, **libraisse**, **chasseresse** et **prêtresse**. Si le Vatican cessait d'être la chasuble gardée des hommes, ce dernier mot finirait peut-être par reprendre du service, qui sait ?

Rabelais a bien utilisé **clergesse**, **monagesse** et **abbegesse**. Ses confrères Villon, d'Aubigné, Chateaubriand, Flaubert et plusieurs autres n'ont-ils pas écrit : **femellitude**, **humblesse**, **angoisseuse**, **bougresse**, **singesse**, **successrice**, **peintresse**, **athlètesse**, **acteuse**, **vainqueresse** et **papesse** ?

Constatant l'ampleur du mouvement social qui poussait un nombre de plus en plus grand de femmes non seulement à occuper des postes jusque-là réservés aux hommes, mais à exiger que leur état de femme soit reconnu dans le titre de leurs nouvelles fonctions (n'existe que ce que l'on nomme !), l'Office de la langue française du Québec a entrepris d'analyser la situation et de lui trouver des solutions[120]. Le plus grand problème rencontré par les réformateurs était l'homonymie. Comment pouvait-on féminiser le mot *foreur* par **foreuse** sans semer de confusion alors que ce mot désignait déjà l'appareil de forage lui-même ? Pouvait-on dire **ingénieuse** d'une femme ingénieur ? Et là où le problème s'est corsé, c'est lorsqu'on a voulu trouver un nom pour la femme chargée d'entraîner une équipe sportive. Allait-on dire d'elle, sans provoquer de malaise, qu'elle était une **entraîneuse** ?

Beaucoup s'accordent à dire que le terme **femme-écrivain** ou **femme-ministre** renforce l'idée que l'état de celle qui s'arroge ce titre n'est pas très régulier, même si la revue *Marie-Claire* a déjà désigné l'une de ses collaboratrices «femme correspondante à l'étranger» et que Lacan n'a pas hésité à parler de «ces dames psychanalystes».

Homme de main donnera-t-il naissance un jour à **femme de main**?
Homme de la rue, à **femme de la rue**? (Ne pas confondre avec **femme de rue**!)
Bon vivant, à **bonne vivante**?
Boute-en-train, à **boute-en-traîne**?
Chef d'orchestre, à **cheftaine d'orchestre**?
Chef de gare, à **chefesse de gare**?
Grand penseur, à **grande penseuse**?
Grand homme, à **grande femme**?
Homme-grenouille, à **femme-grenouille**?
Homme de loi, à **femme de loi**?
Homme du monde, à **femme du monde**?
Homme-orchestre, à **femme-orchestre**?
Homme-sandwich, à **femme-sandwich**?
Maître nageur, à **maîtresse nageuse**?
Maître à penser, à **maîtresse à penser**?
Maître pipier, à **maîtresse pipière** ou **pipeuse**[*]?
Monsieur le censeur, à **Madame la... censeur**?

Que dire alors de l'homme galant dont la correspondante devrait donner **femme galante**? Malaise! La première expression décrit une personne bien élevée; quant à l'autre, elle fait plutôt référence à une femme de mauvaise vie.

Même difficulté avec l'homme qui commande le respect lorsqu'on dit de lui que c'est un homme savant. Et la **femme savante** alors? Bonjour Molière!

---

[*] Question soulevée par Bernard Pivot.

Le premier ministre du Québec, Jacques Parizeau, est assurément un homme public. Mais sa femme Lisette, qui remplit des fonctions officielles au gouvernement, se pourrait-il qu'elle soit une **femme publique**? *Idem* pour le couple Clinton.

Tout le monde apprécie la compagnie d'un homme léger. Son esprit est enjoué, il déride, il amuse. Mais la **femme légère**, c'est... autre chose!

Il est vrai que ce n'est pas un défaut que d'être une **petite femme**. En règle générale, on aime les petites femmes mais on ne déteste pas les grands hommes pas plus que les hommes grands.

Les premiers responsables de la grammaire française ne seraient-ils pas des phallocrates? Est-ce que ce ne sont pas eux qui ont décidé que le suffixe «ette» représenterait à la fois le féminin et le diminutif? *Fillette, tartelette, pommette, poulette...*

«Au pays de la fillette et de la soubrette, des guinguettes et de l'escarpolette, laisser les Canadiens trouver l'**agace-pissette**, c'est à te faire monter le rouge aux pommettes[121]!» dit Daninos.

Pas facile la réforme!

Et dans ces conditions le rire restera-t-il encore longtemps le propre de l'homme?

C'est lorsqu'on s'attachera à la traduction de *homo erectus* que la langue prendra véritablement son relief.

Chacun son tour! Après celui du guerrier, pourra-t-on enfin entendre parler du **repos de la guerrière**?

Devant toutes ces nouvelles expressions qui surgissent sous un jour inattendu, souhaitons bonne chance aux réformateurs, étymologistes et dialectologues qui devront nourrir notre langue d'imaginaire, de créativité et de beaucoup d'audace. En ce domaine, les changements n'ont jamais été faciles. Balzac, dans *Les Paysans*, affirmait de son côté que «les Français sont soupçonnés d'aimer le changement» et Voltaire, dans *Sémi-*

ramis, soutenait du sien : « Qui change aisément est faible ou veut tromper. »

En parlant des réformatrices, Paul Valéry a dit qu'elles n'étaient que des « emmerdantes, emmerdeuses ou emmerdresses ». Ce qui revient au même ou... à la même.

> « De plus en plus de femmes remettent aujourd'hui en question la suprématie du genre masculin sur le genre humain, dit Denys Lessard. Elles affirment que le masculin n'a jamais voulu réellement s'accorder avec le féminin, qui finira bien par l'emporter un jour ou l'autre, sinon en genre du moins en nombre[122]. »

Avant de mourir, Raymond Queneau, lui, féminisa Unesco en **Unescale**.

Je ne suis pas de ceux qui mettent des bâtons dans les roues et si tout le monde finit par s'entendre – surtout l'Académie française, gardienne de la langue de toute la *francacophonie* –, je jure de rentrer dans les rangs, moi aussi. Sans la moindre hésitation, je m'adresserai à mon avocate (qui heureusement est charmante) en lui disant non plus cher maître mais **chère maîtresse**. Je m'évertuerai à faire en sorte que le féminin ne s'efface plus devant le masculin. Je dirai de la femme qu'elle est :

athlètesse, bandite, barbière, calculatrice, chasseuse d'hôtel, chauffeuse de taxi ou d'autobus**, chenapane, chroniqueure, clownesse, colonnelle** et **commise, cordonne-bleue, coureuse, enquêteuse** ou **enquêtrice, escrocte, facteuse** (ou **postillonne**, au Québec)**, fantassine, femme-grenouille, flicque, flicqueuse, flicquette** ou **fliquesse, fourreuse, fourrière, générale, gourmète, gouverneuse, imposteure, imposteuse** ou **impostresse, inventrice, juge prud'femme, maîtresse nageuse, marine, menuisière, ministresse, officière, paveuse, pédégère**[123]**, philosophesse, plombière, précurseuse, procureure de la Couronne, professeuse, putaine, sapeuse-pompière, servitrice,**

schtroumpfette, **soldate**, **tailleuse**, **témoine**, **typote**, **vétérane**, **voyelle** ou **voyoute**.

Nicole Gagnon suggère (en souriant) de « différencier dorénavant un **médecineau** et une **annonceurelle** (d'après jouvenceau, jouvencelle, ou l'ancien damoiseau, damoiselle), un **directeuron** et une **première minestrone** (d'après barbon et matronne) Voilà qui serait tout à fait français et qui rendrait compte de la réalité[124]. »

Il n'y a pas de mâle là-dedans!

En France, en 1948, la Commission nationale pour la féminisation des mots prit le taureau par les cornes et osa proposer l'officialisation des nouveautés suivantes: **cheffe**, **pompière**, **députée**, **mannequine**, **huissière**, **syndique**, **proviseure**, **officière** et **jockeyte**.

Deux ans plus tard, la ministre responsable de la Condition féminine rédigea une lettre officielle « relative à la féminisation des noms de métier, fonction, grade ou titre » par laquelle elle décrétait que, dorénavant, on devait dire UNE auteur, UNE proviseur et UNE professeur, ce qui devait simplifier les choses.

Malheureusement, aucun de ses conseils ou édits n'a eu de prise sur le bon peuple qui a continué à en faire à sa (mauvaise) tête.

Au fait, peut-on dire **Madame LE juge**? Non. Ce n'est pas français! Puisqu'un substantif attribut ne s'accorde pas avec un substantif sujet.

Personne n'oserait nier le fait que le Québec n'a pas attendu les mouvements féministes ni les ordres d'aucune commission nationale pour démasculiniser certains mots dans leur usage quotidien. Aujourd'hui encore, on entend dire un peu partout : *une* avion, *une* autobus, *une* hôtel, *une* couple d'amis, *une* police, *une* hôpital, *une* belle été, *une* job, *une* sandwich, *une* ascenseur, *une* accident et *une* instant s'il vous plaît.

À bien y penser, nous devrions sans doute masculiniser sage-femme par **sage-homme**. Dire **garde-folle** au lieu de garde-fou. Et cesser de clamer que Roch Voisine est une grande étoile car en réalité c'est un **grand astre**.

Puisqu'on ne cesse de répéter que la femme vient du mâle et que le mal vient de la femme, si tous les enfants de chienne voulaient se donner la main pour devenir des **enfants de chien**, on n'aurait plus à se donner un **mal de chienne** pour sortir de toute cette **chiennerie**.

Peut-être aussi que le pauvre soldat confiné dans son rôle d'estafette ressentirait plus de virilité et de gloriole si dorénavant on l'appelait **estafeau** ?

Et la vaillante sentinelle qui monte la garde, aurait-elle la vie plus facile en devenant **sentineau** ?

Et pourquoi emploie-t-on le féminin pour dire *Son Excellence, Son Altesse, Sa Majesté* et surtout *Sa Sainteté* qui est toujours un homme ?

Ceux qui sont passés par l'aéroport de Mirabel (Montréal) ont peut-être remarqué, à l'arrivée des bagages, la présence d'une sympathique douanière. Attachée à Agriculture Canada, elle est chargée d'inspecter les valises suspectes des passagers que dépiste pour elle une extraordinaire petite chienne blonde, sorte d'auxiliaire à quatre pattes de la police spécialement dressée à cet effet. En langue anglaise, le titre de la brave douanière est *dog-master*. En français, on l'appelle – très injustement – maître-chien... injustement parce que dans l'esprit de la réforme langagière **maîtresse-chienne** serait probablement plus approprié. Quoique...

Quand il s'agit du français, il est difficile de faire plaisir à son père et à sa mère. « L'art d'écrire dans les deux genres à la fois est vachement complexe », note Roch Côté. « Cette chaise et ce banc sont blancs-ches... à moins qu'il ne faille écrire blanc-s-hes ou je ne sais plus [...]. Le mariage et la famille telle-s que défini-e-s[125]. »

À ce même propos, en respectant tous les charmes de la « grammaire uquamienne », il cite ce document produit par l'Université du Québec à Montréal (UQAM) :

> « L'étudiant-e admis-e et inscrit-e à un programme de maîtrise doit s'être choisi-e [*sic*] un-e tuteur-trice de recherche, et avoir obtenu l'accord de celui-ci, celle-ci, lorsqu'il, elle s'inscrit pour la troisième fois à son programme. »

Force est de constater qu'il ne faut surtout pas prendre cette histoire de féminin et de masculin trop à la légère. L'irrespect des genres peut parfois avoir des conséquences très désagréables. Pierre Desproges faisait remarquer à ce sujet : « Si je prends *le parti* de l'accusé, ça fait bien. Par contre, si je prends *les parties* de l'accusé, ça fait mal[126] ! »

Ceux qui s'adressent à la foule savent qu'une fois sur l'estrade il ne faut jamais oublier ni les femmes ni les hommes car on a tous et toutes droit aux égards de tous et de toutes :

> Mesdames-Messieurs, Françaises-Français, Canadiennes-Canadiens, Québécoises-Québécois, balladuriennes-balladuriens, électrices-électeurs, enseignantes-enseignants...

soit, mais aussi :

> Belges-Belges, Russes-Russes, Tchétchènes-Tchétchènes, Tchèques-Tchèques, Slovaques-Slovaques, camarades-camarades, péquistes-péquistes, bloquistes-bloquistes...

Malheureux épicènes contre lesquels on ne pourra jamais rien.

Raison de plus pour être vigilants et ne jamais hésiter à respecter les règles de la bienséance en donnant tout d'abord la priorité aux femmes et en se méfiant des liaisons dangereuses si on ne veut pas risquer de paraître ridicule comme ce fut le cas de Jacques Chirac qui, s'adressant aux Français le soir du premier tour des présidentielles, en avril 1995, s'est écrié :

« Français-**zé**-Françaises ! »

Ce n'est pas tout à fait ce que les linguistes appellent un cuir (c'est-à-dire une faute de langage qui consiste à employer un mot pour un autre ou à lier les mots de façon incorrecte), mais ça sert à nous rappeler que les liaisons dangereuses demeurent toujours les causes de nos maux les plus cuisants.

Au fait, sait-on précisément pourquoi, en français, la France, la Tchécoslovaquie, la Lituanie, la Bosnie-Herzégovine sont du genre féminin alors que le Québec, le Canada, le Zimbabwé et le Pakistan, pour ne citer que ceux-là, sont du genre masculin ? Pourquoi *la* Seine et *le* Rhône n'ont-ils pas le même genre ?

Ainsi que le remarquait Louis Borgne, « le genre grammatical est tout autre chose que le sexe. Quel rapport voyez-vous entre une carotte et un oignon ? Un concept et une notion ? La force et le courage[127] ? »

Aux portes des toilettes d'une pizzeria on a déjà vu, plutôt que l'indication habituelle Femmes et Hommes, une tomate et un piment. Les clients devaient conclure que le piment était réservé aux hommes, bien entendu !

Certes, si on savait qu'en français la notion de genre (féminin/masculin) n'est pas le calque de la notion de sexe (femelle/mâle), on ne se poserait pas toutes ces questions saugrenues. On saurait que la première relève de la morphologie et la seconde de la sémantique. Ce qui revient à dire qu'il y a beau avoir entre les deux une analogie évidente, elle ne représente pas pour autant une équivalence. La preuve : on dit bien une girafe, une autruche et une souris. Pourtant, il devrait y avoir aussi des mâles dans ces espèces, non ? Sinon, elles s'emmerderaient entre elles ces pauvres bêtes. À moins que...

Décidément, je ne voudrais pas être à la place des réformateurs (trices). Ils (elles) font face à un gigantesque problème.

Les catégories grammaticales fondées sur la distinction des sexes donnent des maux aux mots français et peuvent cacher des messages pour qui veut les voir ainsi.

« Le mensonge est du masculin, la vérité du féminin, remarque Robert Sabatier. Faut-il en tirer une conclusion[128] ? »

Pour Voltaire, « tous les genres sont bons, hors le genre ennuyeux ! »

En parlant de genres, vous êtes-vous jamais attardé à l'évidence, pourtant frappante, que *la* verge appelle le genre féminin et que *le* vagin... commande le masculin ?

Ah, vous pouvez le dire, on n'est pas sorti de la merde ! D'ailleurs, en parlant de merde (un des rares objets que l'on continue à appeler par son vrai nom), il est à remarquer que la langue française classe *la* merde dans le genre féminin... Mais cela constitue peut-être une rare exception puisque, lorsqu'il y a accumulation de celle-ci, la grammaire se bouche le nez en se tournant du côté masculin pour dire *le* merdier.

Chiche ! On complique !

Ainsi que je me suis évertué à le démontrer, la langue française n'est pas une langue facile. Elle évolue à son rythme et au gré de tous ceux qui la pratiquent. Des mots s'usent et meurent. Des mots nouveaux se créent, nés d'une mode ou d'une importation étrangère. Mais comme les Français, qui sont convaincus de posséder la plus belle et la plus riche langue au monde, sont rarement satisfaits de ce qu'ils possèdent, il s'en trouve parmi eux pour inventer de nouveaux mots, comme ça, pour le plaisir de compliquer notre existence, à moins que ce ne soit pour celui de nous dérider.

« Le néologisme marche toujours, disait Sainte-Beuve ; et il y a, tous les quarts de siècle ou les demi-siècles, de petits raccords à faire dans la langue... Il tombe chaque jour quelques feuilles du tronc vénérable, il en repousse d'autres. »

Pour San-Antonio, comme toujours, c'est plus simple et plus direct : « Les néologismes, c'est la langue qui fait ses besoins ! »

Jean-Paul Sartre se demandait : « Faut-il laisser les mots pourrir sur place ? » Jean-Loup Chiflet, génial humoriste français, auteur de *Sky! My husband. Ciel! Mon mari*, et Nathalie Kristy, lexicographe et encyclopédiste, ont dû comprendre qu'il disait « Faut-il laisser les mots pour rire sur place ? » et c'est pour cela sans doute qu'ils nous ont donné, tout récemment, *Le dictionnaire des mots qui n'existent pas*[129] dont ils ont justifié la publication de la façon suivante : « Aussi riche soit-il, le vocabulaire français a curieusement négligé de dénommer et de définir un certain nombre de comportements, de situations, de sentiments et d'objets de la vie courante. »

À la façon des tailleurs, ils ont donc confectionné sur mesure les mots qui manquaient tant à notre vocabulaire. Mus par leur seul désir de combler ce vide lexical et abyssal, ils n'ont reculé, affirment-ils, devant aucun obstacle, aussi périlleux ou scabreux soit-il.

À titre d'exemple, voici 10 mots nouveaux du tandem Chiflet-Kristy avec leur définition. À leur lecture, tout amoureux du français se sentira aussitôt plus riche encore.

> **Autoriflamme** n.m. Toute partie de vêtement (imperméable, jupe, ceinture) qui dépasse de la portière d'une voiture en marche.

Biscadeau n.m. Cadeau qu'on vous offre alors que vous avez exactement le même, et que vous n'osez pas le dire.

Capotionage n.m. Attitude de celui qui fait étalage de sa provision de préservatifs aux fins de rassurer d'éventuelles partenaires.

Fax-terrier n.m. Personne qui guette près d'un télécopieur, à l'affût des fax.

Hypocryphe n.m. Lettre qui annonce à un auteur que son manuscrit, malgré de très réelles qualités, n'entre malheureusement dans aucune des collections de l'éditeur.

Libidog n.m. Chien qui vous renifle automatiquement l'entre-jambe.

Mouchiure n.f. Crotte de nez qui reste collée près des narines après un mouchage imparfait.

Trousseins n.m.pl. ou **nichonettes** n.f. pl. Petits trous que les femmes creusent dans le sable des plages pour y loger leurs seins avant de prendre un bain de soleil sur le ventre.

Péqunurie n.f. Pénurie de papier de toilette, dont on s'aperçoit généralement trop tard.

Sliposuccion n.f. Défauts de certains slips ou maillots qui systématiquement rentrent dans la raie des fesses et obligent certains, de ce fait, à se *déraisliper.*

Au Québec aussi on trouve des lexicographes-humoristes. Citons entre autres un certain Hilaire Illare qui, sous ce nom fantaisiste, a fait paraître dans la revue *Dires*[130], un *Glosserre*, c'est-à-dire « un dictionnaire destiné à abriter des intempéries et à maintenir au chaud les mots rares et errants d'une langue douée pour le vagabondage hors des rails et des sentiers battus ». Voici quelques exemples :

Abécédératif n.m. Livre élémentaire de lecture qui détourne l'esprit vers d'autres pensées.

Abbelliqueux adj. et n.m. Titre porté par un prêtre qui aime la guerre et excite au combat ou à la lutte.

Députêtard n.m. Larve à grosse tête élue pour siéger dans une assemblée délibérante et aimant patauger en eaux troubles et stagnantes.
École n.f. Établissement d'enseignement spécialisé dans les questions embarrassantes, dans les interrogations périodiques de contrôle et dans les punitions consistant à faire un travail supplémentaire un jour de congé.
Gastrominceur n.f. Art de la bonne chère permettant toutefois de conserver une silhouette svelte et élancée.
Parjuriste n.m. Personne qui, ayant étudié le droit, le pratique en violant son serment.
Phallocartage n.m. Échec retentissant de la domination de l'homme sur la femme survenu au seuil du XXIe siècle.
Psychiatrip n.f. Médecine spécialisée des maladies mentales appliquant une thérapeutique fondée sur l'absorption des drogues hallucinogènes afin de créer une accoutumance agréable chez le patient devenu docile.

Dans le même registre spirituel, deux autres dévoués serviteurs de la langue française, Chaunes et Sylvoisal, ont créé *Le Verbiaire*[131] dans l'espoir qu'il devienne un jour notre bréviaire et qu'il proclame la valeur éternelle de l'impertinence. Exemples de leurs trouvailles :

Afrodisiaque adj. Se dit d'une jeune Africaine affriolante.
Ambivalable adj. Qui est absolument vrai dans les deux sens.
Encyclope n.m. Champignon vénéneux qui pousse dans les vieilles bibliothèques.

La recherche est sans fin. Les auteurs d'un autre dictionnaire, *Le Dictionnaire des mots inexistants*[132], offrent pour leur part à quiconque cherche à compliquer sa connaissance du français un choix intéressant de formes inédites et déchiffrables par analogie.

Pour eux, un inventeur de mots devient un **glossoplaste**. Un créateur de mots, un **onomaturge**. Un dévoreur de livres, un **bibliophage**. Quelqu'un qui est désireux d'apprendre, un **philomathe**. Celui qui parle peu, un **oligologue**. Quelqu'un qui sait le français, un **gallomathe**.

Conscients des défaillances étymologiques du français, d'autres auteurs se sont montrés, en fait de vocabulaire, de véritables virtuoses du trébuchet. Ainsi en est-il de Fernand et Germaine Lot qui, dans leur *Tonnerre sur le lexique*[133], nous apprennent à voir le français sous un angle nouveau. Pour eux, un **cadran scolaire** est une horloge indiquant les heures de cours. **Prendre l'air**, c'est fredonner juste un air que l'on vient d'entendre pour la première fois. Et **garder le lit** signifie « ne pas déborder »... en parlant d'un cours d'eau!

Ajoutons qu'entre-temps l'écolier, lui, doit toujours quitter son lit s'il veut suivre son cours...

Des mots, encore des mots!

Il faut rendre justice, en passant, au *Canard enchaîné* qui, depuis sa fondation, a contribué à populariser quantité d'expressions françaises familières.

Parmi celles-ci, mentionnons **de quoi se marrer**, **à se taper le derrière par terre**, **minute Papillon** et **bla-bla-bla** qui a fait sa première apparition dans le dictionnaire de l'Académie française en 1978.

Tous ces créateurs, on l'aura compris, ne cherchent qu'à nous faire rire. Mais il ne faudrait pas croire que le rire entourant la langue française vient exclusivement de la francophonie européenne. Il y a quelque temps, le Québec s'est distingué dans toute la francophonie en publiant une recherche exhaustive, d'une grande rigueur scientifique, sur les mots décrivant les différentes phobies dont pouvait être affligée notre humanité souffrante.

Les trouvailles incluent, en plus, toutes sortes de peurs allant des plus enfantines aux plus incongrues, de même que plusieurs formes de répugnances naturelles et instinctives et d'allergies, le tout réalisé dans le but de contribuer à l'enrichissement de la langue française.

« Le public pourra peut-être, de prime abord, trouver étrange, disent les auteurs, que l'Office de la langue française ait eu l'idée de publier un lexique des *névroses* et *psychoses*, lesquelles relèvent d'une branche spécialisée de la médecine, la psychiatrie[134]. »

Bien que beaucoup s'interrogent encore quant à l'utilité de cette longue et coûteuse recherche dans le champ phobique, phobiaque ou phobiesque, d'autres y voient une merveilleuse occasion de rire. Quoi qu'il en soit, voici quelques exemples, puisés dans une liste de 2 500 mots, dont chacun pourra tirer le profit qu'il voudra bien y trouver.

OBJET	**PHOBIE**
Armes à feu	Pyrobolosphonophobie
Armée	Stratophobie
Astrologie	Astéroscopophobie
Amour physique	Érotophobie
Barbe(s)	Pogonophobie
Barbus	Tanytrichophobie
Baseball	Tétragoniosphérisophobie
Cadeaux	Dorophobie
Cécité	Typhlophobie
Ceintures de sécurité	Zonasphalophobie
Célébrité (notoriété)	Polygnostophobie
Dentiste	Odontophobie
Divorce	Diazeuxiphobie

OBJET (suite)	PHOBIE (suite)
Gratte-ciel	Ouranoxystophobie
Hockey sur glace	Pagodromagonophobie
Horoscopes	Génethiacophobie
Jeux de mots	Paronomasiphobie
Entendre des jurons	Blasphémophobie
Langues étrangères	Xénoglossophobie
Nudité	Gymnophobie
Omelettes	Opsôogalactophobie
Parler en public	Lalophobie
Prisons	Desmotériophobie
Publicité	Proa goreuphobie
Police	Diképhobie
Saucisses	Allantophobie
Toilettes publiques	Éïstomésourophobie
Vie éternelle	Éonobiosphobie
Être enterré vivant	Taphozontophobie
Être fixé des yeux	Omnatophobie
La vue du nombril	Omphalopscophobie
Thé	Sinapobregumatophobie

J'oubliais. Pour dire qu'on a la phobie des femmes blondes, on dira dorénavant que l'on est **xanthotichogynécophobe**. Avouez que si c'est moins direct, c'est infiniment plus simple et cela fait indiscutablement beaucoup plus classe que de dire : Je déteste, je hais, je ne peux pas sentir les blondes ! Ou encore : Les blondes me font gerber !

À défaut de démontrer autre chose, cet inimitable exercice lexical et sémantique des vaillants chercheurs québécois prouve la richesse génératrice des langues que l'on croyait mortes, en particulier celle des Grecs, chez qui ils ont dû aller... se faire voir.

Le dictionnaire inutile

Un dictionnaire, quel qu'il soit, a toujours son utilité. Pourtant, dans les années soixante-dix, le journaliste Arthur Prévost a publié un dictionnaire français-anglais, anglais-français qu'il a qualifié de totalement inutile[135]. L'ouvrage répertoriait quelque 2 000 mots identiques dans les deux langues et tentait de prouver que lorsqu'on savait le français, il était inutile d'apprendre l'anglais. (Le contraire étant tout aussi vrai.) Autrement dit « quand que j'cause l'français j'cause aussi *british* ». Vous n'êtes pas convaincu ? Alors voici l'ABC de quelques-uns de ces mots qui n'ont pas besoin d'être traduits :

A Accord, abject, absent, abolition, acceptable, accumulation, adorable, admission, agent, air, album, alliance, alimentation, anecdote, ancestral, art, assistant, assimilation, assurance, avenue, etc.

B Banal, banquet, barrage, base, baseball, benefice, bible, benediction, bizarre, blond, blouse, boulevard, bouquet, bronze, brutal, buffet, bulletin, etc.

C Calorie, camp, canine, capote, caprice, capsule, casino, cause, certain, civil, client, cognac, cocktail, colonial, combustible, communication, conference, etc.

Convaincu ?

Les pressés verbaux

L'argot, la langue verte, langue des rues de Paris, n'est plus ce qu'il était. Aujourd'hui, on n'argote plus comme on le faisait hier. « Les mots ressemblent aux allumettes, disait Daninos, certains prennent, d'autres pas ! » Parmi ceux qui ont pris, il en reste tout de même assez. C'est le cas pour **beaujolpif**, **becter**, **bigleu**, **flinguer**, **pote** et plusieurs autres. Mais pour être de son temps, qui change toute chose, on préfère innover.

En France, les jeunes, qui ont pourtant plus de temps devant eux que leurs aînés, sont pressés. Ils parlent vite une langue fastidiote qui caractérise parfaitement l'époque que l'on vit. Une langue truffée d'onomatopées qui s'est modelée en passant par diverses dérivations et compositions et par des abréviations. Si vous n'êtes plus très jeune mais voudriez bien le paraître, voici un petit lexique qui, bien que très incomplet, pourrait néanmoins avoir l'utilité d'une trousse d'initiation pour tout francophone en visite dans l'Hexagone :

> **Allumé** : complètement fou ;
> **Baliser** : avoir peur ;
> **Bétonner** : rendre sûr, inattaquable ;
> **Blacos** : noir ;
> **Bof !** : pour marquer un dégoût ou un désintéressement ;
> **Cab, tac, tacos, tax** : taxi ;
> **C'est complexe** : c'est pas simple ;
> **C'est créatif** : c'est original ;
> **C'est du Zola** : c'est triste ;
> **C'est historique** : c'est important ;
> **C'est l'angoisse !** : c'est pas drôle ! ;
> **C'est la totale !** : j'ai tout faux ! ;
> **C'est sclérosant** : c'est routinier ;
> **Caca-nerveux** : stress ;
> **Ça craint !** : C'est nul ! ;
> **Cageot** : fille moche ;
> **Cake** : quelqu'un qui n'est pas très brillant ;
> **Cartonner** : réussir ;
> **Cassos !** : allez viens, on s'en va ! ;
> **Coinços** : quelqu'un qui est coincé (**pogné**, en québécois) ;
> **Crache, on triera !** : exprime-toi ! ;

Craignos : nul à chier ;
Déplaner : revenir sur terre ;
Disjoncter, déjanter : dérailler ;
Divin : à tomber ;
Embrouille : malaise ;
Être trop (T'es trop toi ! C'est trop !) : marrant, extra, incroyable ;
Flipper : angoisser ;
Génial : superbe, extraordinaire ;
Gérer : prendre une situation en main ;
Glandeur : oisif ;
Glauque : pas net ;
Gratte-toi ! : ta proposition ne m'intéresse pas ! ;
Hallu : être en extase ;
Halluciner : être stupéfait ;
Il a la mort : il est malade ;
Imbitable : difficile à comprendre ;
Imprimer : comprendre ;
J'aime la glisse : j'aime skier ;
Je me tape un délire : je rêve ;
Je suis charrette : je suis débordé ;
Jubilatoire : réjouissant ;
Klong : pas appétissant ;
La cata : la catastrophe ;
Le son est garage : mauvais ;
Louloute, loubarde, nana, nénette, colis, tas (grosse gonzesse) : une fille ;
Mater : regarder (surtout les filles) ;
Minimal : minimum ;
Nichons, nibards, rotoplos, miches, roberts : seins ;
Niquer : se faire avoir ;
Optimiser sa réussite : améliorer ses résultats ;
Pas évident : pas facile ;
Pas triste : animé ;

Putain ! : exclamation dont la signification varie selon le contexte ;
Radio langue de pute : rumeur méprisante ;
Revalo : augmentation de salaire ;
Se murger (J'ai pris une murge force 5) : se saouler ;
Se planter : rater, se tromper ;
Se prendre une taule ou **un rateau** : échouer ;
Se ramasser une gamelle : échouer ;
Speedé : nerveux, pressé, agité ;
Sublime : fabuleux ;
Super : génial, extra ;
Taper l'incruste : jouer au pique-assiette ;
Taré : fou ;
Tirer la tronche : faire la tête ;
Une gamelle : un flop ;
Vulgos : vulgaire ;
Y a pas de lézard : ça marche bien ;
Y a un cactus : il y a un problème ;
Zoner : se promener sans but précis.

Touche pas à mon françâs !

À Montréal aussi la langue évolue. Il n'y a pas si longtemps encore, les mots comme **twit** (plouc), **twiterie** ou **memering** (commérage) étaient parfaitement inconnus. Mais pour un Français, un Suisse, un Belge ou un Malien qui débarquent en Nouvelle-France, tous les mots, même les plus classiques, deviennent une nouveauté. À leur intention, voici réunies quelques-unes de ces expressions françaises (!) qu'ils n'entendront jamais chez eux mais qui prouvent tout de même que, dans le royaume des langues, l'imagination est reine !

Accrocher ses patins : cesser de travailler.
Ambitionne pas su' l'pain béni : n'exagère pas.

Avoir le motton: avoir beaucoup de sous.
Avoir les yeux dans la graisse de bines: avoir les yeux dans le vague.
Avoir une guédille au nez: avoir la morve au nez.
Avoir vu neiger: avoir de l'expérience.
C'est arrangé avec le gars des vues: c'est truqué.
C'est le bout d'la marde: c'est la fin du monde, la fin des haricots.
C'est un nioufi (newfi): c'est un nigaud, un habitant de Terre-Neuve (New Foundland).
Check tes claques!: sois prudent!
Donne-lui trente sous, qu'il aille jouer dans le trafic: fais en sorte qu'il s'éloigne, renvoie-le.
Être au coton: être épuisé.
Être aux oiseaux: être très heureux.
Être su' l'piton: être en pleine forme.
Faire pétaque: rater son coup.
Foquer le chien: tirer au flanc.
Il a d'l'air gorlot: il a l'air mal foutu, légèrement demeuré ou ivre.
Il a de l'eau dans sa cave: ses pantalons sont légèrement trop courts.
Il a pété au frette: il est mort subitement.
Il a viré son capot de bord: il a perdu la tête.
Il est diguidou: il est parfait.
Il est en bibite: il est en colère.
Il est lôdé au boutte: il est bourré aux as.
Il sent la tonne: il sent l'alcool.
J'ai un kick sur elle: j'ai le béguin pour elle.
L'affaire est ketchup (ou chocolat): elle est au mieux.
Ôte tes claques et arrive en ville!: dégourdis-toi!
Partir sur une balloune (baloune): s'enivrer.
Passer au cash: subir les conséquences de ses actes.
Péter de la broue: se vanter.

Rien pour écrire à sa mère : quand une situation est banale, qu'il n'y a rien à raconter.
S'ennuyer de sa mère : quand une situation est longue et compliquée.
Se pogner le moine : paresser.
Son chien est mort : c'est fini ; il n'a plus de chance.
Un gratteux : un grippe-sous.

Des mots pour le pire

Il n'y a rien de plus décourageant pour un extra-hexagonal en visite en France que de se faire engueuler. L'arrogance des Français (qui ont toujours quelque chose à critiquer, ou à haïr, qui trouvent à redire à tout) est mondialement reconnue. On a beau penser, comme le moraliste du XVIIIe Sébastien Chamfort, que l'injure est la raison de ceux qui ont tort, lorsqu'on s'est fait traiter de **moucheron**, de **petzouille** ou de **ramolli**, on a le choix entre encaisser ou riposter. Si la première solution convient aux pacifistes et aux catholiques pratiquants auxquels on a appris à tendre l'autre joue quand ils ont déjà reçu une baffe, la seconde, par contre, sied mieux à ceux qui considèrent l'injure comme libératrice et cherchent à toujours avoir le dernier mot.

Au risque de provoquer la moue méprisante des chichiteux, voici, à l'intention de tous les extra-hexagonaux qui n'aiment pas se faire marcher sur les pieds, une liste de jurons et de gros mots qui pourraient leur être salutaires dans les moments cruciaux où l'inspiration viendrait à leur manquer.

Que les esprits chagrins se fassent une raison. On a tous le devoir d'apprendre à se défendre et nul ne peut nier que, lorsqu'elle est efficace, l'injure peut devenir une arme redoutable. N'est-il pas infiniment plus raisonnable de faire monter le sang au visage d'un ennemi que de le répandre ?

Voici donc ces mots puisés aux meilleures sources[136]. Les occasions pour vous de les utiliser ne manqueront pas.

Allez, saque-toi !
Allez, tire-toi !
Alors, dugenoux... ça vient ?
Alors, dugland, t'attends le réveillon ?
Amène ta mère que j'te r'fasse !
Bitenfleur, va !
Boursouflure !
Casse-toi, infusoire !
Connard !
Connard de mes deux !
Ducon !
Empaffé !
Enculé !
Enflure !
Enfoiré !
Épluchure !
Espèce de mal baisée !
Et ta sœur !
Gueule de pourri !
Manche à couilles !
Morue !
Ordure !
Pauvre con !
Pauvre connasse !
Pauvre tache !

Pauvre taré !
Raclure de bidet !
Radasse ! (Syn. de poufiasse.)
Sale con !
Sale poufiasse !
T'as pas fini de me faire vaseliner la pastille ?
T'es complètement chtarbé (ou chtarpé).
T'es complètement givré !
T'es complètement jeté.
T'es la reine des patates !
T'es pas un peu secoué ?
Ta mère, elle chausse du 2 ! (Très prisé chez les adolescents de Paris et ses environs. Origine obscure !)
Tire-toi, vomissure !
Trou du cul !
Tu fais chier ! ou Fais pas chier !
Tu me broutes !
Tu me gonfles !
Tu nous les casses !
Va te faire enculer !
Vieux con !
Vieux débris !

À ceux qui hésiteraient à se servir de l'injure, rappelons ce que pense à ce propos Guy Bedos :

« Il y a des gens qui peuvent proférer les pires grossièretés : merde, con, cul, couilles, bitte, chiotte, avec une classe folle ; tels autres apparaissent sur l'écran de mon poste, disent : "Bonjour madame, bonjour mademoiselle" et avant qu'ils aient eu le temps d'arriver à "monsieur", je me rue sur ma bouteille d'Air-Wick pour désinfecter la pièce[137]. »

Un de ceux qui semblent maîtriser mieux le langage fleuri que le beau langage est, s'il faut en croire les Guignols de l'info de Canal Plus qui l'imitent sans répit, nul autre que le nouveau président de la République, devenu grand spécialiste de la riposte blessante.

Au lendemain de l'élection de Jacques Chirac à la présidence, le *Canard enchaîné*[138], qui suit tous ses faits et gestes, a rapporté une longue série de perles dues au président. Parmi elles, on ne manquera pas d'apprécier les plus remarquables :

En parlant de Mme Thatcher : « Mais qu'est-ce qu'elle veut de plus, cette mégère ? Mes couilles sur un plateau ? »

De Raymond Barre, son rival de 1988 : « On ne fait pas avancer un âne qui chie ! »

Du directeur de la campagne de Balladur : « C'est un petit merdeux qui fait encore dans ses couches et qui pense chaque matin qu'il a chié le monde. »

D'un ministre qui lui a déplu : « Qu'est-ce qu'il a à me chier dans les bottes celui-là ? »

De son adversaire Balladur : « Couille molle. »

Et à une autre occasion, en s'adressant aux journalistes qui voyaient du danger partout : « Moi, je ne vois pas tout le temps la main du Président dans la culotte de ma sœur. »

Quand un chef d'État donne l'exemple, il n'y a qu'à suivre.

C'est du français ou de l'engueulé ?

Nul n'est en paix hors de son pays! Même si le Québécois est infiniment moins arrogant qu'un Parigot (tête de veau!), il peut arriver que son cousin français en visite au Canada se fasse chahuter ou qu'il se fasse... **donner d'la marde**. Auquel cas il serait bien avisé, pour ne pas dire de bonne guerre, qu'il soit capable de répondre à tous les va-de-la-gueule, si pas dans l'accent du pays (n'essayez pas vous paraîtriez ridicule), du moins sur le même ton et avec des mots qui portent, c'est-à-dire qui font mouche (*à marde*).

Il faut savoir à ce propos qu'au Québec l'invective est souvent associée au sacre, au blasphème. Les mots que l'on emploie quand on a des rancœurs, des amertumes et des états d'âme sont généralement puisés dans la liturgie ou encore dans la panoplie des objets sacerdotaux de la première sacristie venue.

Christ (prononcez «criss»), **viarge**, **sacrament**, **ostie**, **tabarnak**, **baptême**, **calvaire**, **cibouère** et **câlisse** figurent parmi les plus bénis de la liste.

De ces noms on a fabriqué des verbes. Par exemple, pour dire «je vais te foutre mon poing sur la gueule» on dira, en élevant légèrement la voix, **j'm'a t'crisser mon poing s'a yeule!**

Comme on peut le voir, le Québécois n'a jamais été en peine d'expressions imagées.

Pour ajouter plus de poids à la menace, on pourra compléter par **mon ostie**, **mon tabarnak**, **mon calvaire** ou encore **mon ostie de tabarnak**, ce qui ne manquera pas d'impressionner et de déstabiliser l'adversaire.

Si vous arrivez à vous exprimer de la sorte, on dira de vous que vous avez de la classe, c'est-à-dire : **Il a d'la classe en ostie !**

Quant à l'injurié, vous pouvez être sûr qu'il sera **décâlissé en ostie, détabarnaqué, désainsacramenté, désaintciboèré, toute décrissé** ou, comme le dit Pierre Foglia, **déconcrissé !**

À force de fréquenter l'insulte, l'usager arrivera à saisir toutes les subtilités et les nuances qui existent entre **un petit crisse, un grand câlisse** et un **gros tabarnac**, et à rembarrer les casse-pieds de toutes catégories. De même qu'il jaugera en expert la différence qu'il y a entre **le professeur se crisse une fesse sur le bureau et leur câlisse la leçon** et **le professeur se câlisse une fesse sur le bureau et leur crisse la leçon**.

Tous ces termes **au boutte**, hérités de la religion catholique, présentent des variantes à l'infini. Par exemple, calice peut devenir **câlique** ou **câline**. Ciboire et tabernacle : **cimonak**. Tabernacle : **tabaslaque** ou **tabarnouche**. Hostie : **ostie, ostique** ou **'sti**. Vierge : **viarge, arge** ou **ciarge**. Christ : **crisse, craïe de craïe**. Baptême : **batêche**. Christ et hostie : **cristi**. Calvaire : **calvasse**.

« La rage intérieure profonde et hautement valorisée qui anime le Canadien français (et qui le fait sacrer) lui vient probablement plutôt du fait qu'il ne parle de nulle part et que ce qu'il dit, au fond, ne sera jamais compris de personne », écrit René Lapierre[139].

Les auteurs du *Dictionnaire des injures québécoises*[140], qui font autorité en la matière, préviennent tous ceux qui veulent s'adonner à l'art cinglant de l'insulte que l'échange peut prendre parfois des tournures inattendues. Afin d'éviter le pire, ils suggèrent de toujours prendre l'air digne et détaché, de tourner le dos à l'adversaire et de s'éloigner après avoir lâché, d'une moue méprisante : **D'oussé qui sort çui-là ? D'un égout ?** ou encore :

Achalant : casse-pieds ;
Astineux, obstineux : obstiné ;
Baveux : arrogant, lâche ;

Bretteux: flâneur, oisif;
Crosseur: pourri, salaud qui trompe tout le monde;
Épais: peu dégourdi, imbécile;
Fafineux: mièvre, affecté;
Fausse-couche: nabot, de petite taille;
Foqué: détraqué, cinglé;
Frais-chié: prétentieux;
Minab: pauvre type;
Mongol: attardé, qui ne comprend pas vite;
Moron: demeuré, imbécile;
Niaiseux: niais, bête, stupide;
Niochon: nigaud, ballot;
Ouéyou: voyou, vaurien;
Pas-sortable: insupportable en société;
Pelleteux d'nuages: rêveur;
Quétaine (kétaine): démodé, sans goût;
Stoûle: délateur.

Et si certains interlocuteurs vous tiennent la dragée haute, vous pouvez toujours leur servir:

Grouille-toi l'cul!
Va te désencrasser, pouilleux!
Tasse-toé, cibouère!
Senteux d'siège de bicycle de filles!
Ouatche-toé l'cul, l'thon!
Tchèque tes claques!
Hé l'phare, allume tes lumières!

Voilà pour l'esprit d'âpres-propos...

L'essentiel, c'est de toujours choisir le beau et le bon mot et de se souvenir de ce proverbe, qui n'est malheureusement pas français: «Si le mot que tu prononces n'est pas plus beau que le silence, ne le dis pas!»

NOTES

1. Jacques Sternberg, *Vivre en survivant, démission, démerde, dérive*, Paris, Tchou, coll. L'école buissonnière, 1977.
2. *La Presse*, Montréal, 11 novembre 1995.
3. Jean-Paul Desbiens, *Les Insolences du frère Untel*, Montréal, Les Éditions de l'Homme, 1960.
4. Robert Hollier, *Canada*, Paris, Les Éditions du Seuil, coll. Petite Planète, 1967.
5. Cardinal Paul-Émile Léger, archevêque de Montréal.
6. Dans *Le Monde des livres*, propos recueillis par Nicole Zand.
7. Michel Tremblay, dans Augustin Turenne, *Nous parlon français*, Montréal, Les Éditions La Presse, 1973.
8. À l'occasion de la remise du prix Molson 1994, du Conseil des Arts du Canada.
9. En 1973, par la Compagnie des deux chaises.
10. Philippe Ferland, dans Augustin Turenne, *Nous parlon français*, Montréal, Les Éditions La Presse, 1973.
11. Jacques Godbout, *Le Réformiste*, Montréal, Quinze/Stanké, 1975.
12. André Brochu, *Adéodat*, Montréal, Éditions du Jour, 1973.
13. Henriette Walter, *L'Aventure des langues en Occident*, Paris, Robert Laffont, 1974.
14. UNEQ, dans *La Presse*, Montréal, 15 mars 1995.
15. «Semaine du français au travail», mars 1995.
16. André Béliveau, dans Augustin Turenne, *Nous parlon français*, Montréal, Les Éditions La Presse, 1973.
17. Selon *Le Figaro Magazine* et une enquête semblable menée par les animateurs de l'émission de radio *Les Portes du matin* (Radio-Canada, mars 1995), *Le Corbeau et le Renard* est la fable la plus populaire en France et au Canada.
18. *Les Fables de La Fontaine en argot*, Étoile-sur-Rhône, Nigel Gauvin éditeur, 1989.

19. *Les Fables de La Fontaine en argot*, Étoile-sur-Rhône, Nigel Gauvin éditeur, 1989.
20. Marc Favreau, « Le bout d'jouet » et « L'adversité », dans *L'Univers est dans la pomme*, Montréal, Les Éditions internationales Alain Stanké, 1987.
21. « Québécismes bien vivants », dans *Le Monde*.
22. Anne Hébert, *La Mercière assassinée*, Montréal, Hurtubise HMH.
23. Jules Verne, *Famille-sans-nom*, Montréal, Les Éditions internationales Alain Stanké, coll. Québec 10/10, 1977.
24. Robert Hollier, *Le Canada*, Paris, Les Éditions du Seuil, coll. Petite Planète, 1967.
25. Arlette Cousture, écrivain, auteur de *Les Filles de Caleb*, roman à l'origine de la populaire série télévisée présentée en France sous le titre de *Blanche*.
26. Interview de Sylvie Tramier, *Le Monde*, Paris, 24 janvier 1995.
27. *Le Devoir*, Montréal, 28 janvier 1995.
28. Jean-Jacques Bertrand, devant les membres de l'Association canadienne de la radio et de la télévision de langue française, à Québec, le 23 septembre 1969.
29. Jean Lesage, dans un discours prononcé à l'Assemblée législative à l'occasion de la présentation du projet de loi relatif à la création du ministère des Affaires culturelles, le 2 mars 1961.
30. Yvon Rivard, dans *Liberté*, Montréal, n° 138, novembre-décembre 1981.
31. René Lapierre, dans *Liberté*, Montréal, n° 138, novembre-décembre 1981.
32. René Lapierre, dans *Liberté*, Montréal, n° 138, novembre-décembre 1981.
33. Réjean Ducharme, *Le nez qui voque*, Paris, Gallimard, 1966.
34. Roch Carrier, *Le Deux-millième Étage*, Montréal, Éditions du Jour, 1973.
35. Daniel Poliquin, *L'Obomsawin*, Sudbury, Prise de parole, 1987.

36. *Made in France. Pourquoi le monde entier nous envie*, Paris, Les dossiers du Canard enchaîné, 1993.
37. Relevé par Maurice Druon dans *Lettre aux Français sur leur langue et leur âme*, Paris, Julliard, 1994.
38. Jean-Paul Desbiens, *Les Insolences du frère Untel*, Montréal, Les Éditions de l'Homme, 1960.
39. *La Presse*, Montréal, 25 mars 1995.
40. *La Presse*, Montréal, 25 mars 1995.
41. Alain Schifres, *Les Parisiens*, Paris, J.C. Lattès, 1990.
42. Raymond Devos, *Sens dessus dessous, les antipodes*, Paris, Stock, 1976.
43. Valère Novarina, *La Chair de l'homme, théâtre de paroles*, Paris, POL, 1995.
44. *L'Express,* Paris, 24 août 1984.
45. *Le Monde*, Paris, 24 mai 1994.
46. *Vélo tout terrain*, Spécial Salon du cycle, Paris, 1989. Relevé par *Le Canard enchaîné*, 5 avril 1989.
47. Relevé par *Le Canard enchaîné*, Paris, 5 avril 1995.
48. *L'Express*, Paris, 24 août 1984.
49. P. Pichot, «Préface», dans Jean Carrère et Jacques Dessaignes, *Lexique des termes usuels de psychiatrie*, Paris, Berger-Levrault, 1976.
50. Relevé par *Le Canard enchaîné*, Paris, 20 novembre 1991.
51. Chantal Lecouty, *Connaître le vin c'est facile*, Paris, M.A. Éditions 1989.
52. Lire à ce propos *Le Langage des socialistes* de Jacques Gerstlé (Paris, Les Éditions internationales Alain Stanké, coll. Au-delà du miroir, 1979).
53. Le 18 novembre 1994, à propos de la délégation du Québec à Washington.
54. Pierre DesRuisseaux, *Le Livre des expressions québécoises*, Montréal, HMH, 1979.
55. Jean-Claude Germain, «Raconte-moi pas d'histoire», *Le Journal de Montréal,* 16 avril 1995.

56. Line Danis, au bulletin d'information de Radio-Canada, Montréal, 14 décembre 1994.
57. La plupart des exemples ont été tirés notamment de *La Surprise, dictionnaire des sens cachés* d'Alain Duchesne et Thierry LeGuay (Paris, Larousse, 1990).
58. Morvan Lebesque, *Chroniques du Canard enchaîné*, Paris, Jean-Jacques Pauvert éditeur, coll. Refus d'obtempérer, 1960.
59. Voir à ce propos Pierre Guiraud, *Dictionnaire érotique*, Paris, Payot et Rivages, coll. La Grande Bibliothèque Payot, 1993.
60. Serge Le Doran, Frédéric Pelloud et Philippe Rosé, *Dictionnaire San-Antonio*, Paris, Fleuve Noir, 1993.
61. Raymond Las Vergas (traducteur entre autres de *Le Soleil en face*, de Julian Barnes, et du *Livre des snobs*, de W. M. Thackeray) dans *Quelques épines en matière de traduction*.
62. Bernard Cerquiglini, linguiste et délégué général à la langue française. Dans *Télérama*, n° 2237, Paris, 25 novembre 1992.
63. *Made in France. Pourquoi le monde entier nous envie*, Paris, Les dossiers du Canard enchaîné, 1993.
64. Dans Anthony Rowley, *À Table!*, Paris, Gallimard, coll. Découvertes, 1994.
65. Dans *Liberté*, Montréal, n° 138, novembre-décembre 1981.
66. À la radio de Radio-Canada, Montréal, avril 1995.
67. Alfred Gilder, *Et si l'on parlait français*, Paris, Le cherche midi éditeur et Agence de coopération culturelle et technique, coll. Documents, 1993.
68. Pierre Gilbert, *Chansonniers, aidez-moi*, Paris, Éditions du Scorpion, 1962.
69. Christian Moncelet, *Les Répliques les plus drôles*, Paris, Le cherche midi éditeur, 1986.
70. Pierre Perret, *Jurons, gros mots et autres noms d'oiseaux*, Paris, Plon, 1994.
71. Philippe Bouvard, dans *Le Figaro Magazine*, Paris,
72. Alfred Gilder, *Et si l'on parlait français*, Paris, Le cherche midi éditeur et Agence de coopération culturelle et technique, coll. Documents, 1993.

73. *The Merk Index.*
74. *Le Canard enchaîné,* Paris, juillet 1993.
75. Dans la revue *Politique.*
76. Jean-Marc Léger, conseiller en relations internationales, président de la fondation Lionel-Groulx et ancien journaliste (dans *La Presse,* Montréal, 8 décembre 1994).
77. Maurice Druon (de l'Académie française), *Lettre aux Français sur leur langue et leur âme,* Paris, Julliard, 1994.
78. Dans *Info-matin,* Paris, 6 juillet 1994.
79. Gabriel de Broglie, *Le français, pour qu'il vive,* Paris, Gallimard, 1986.
80. Maurice Druon (de l'Académie française), *Lettre aux Français sur leur langue et leur âme,* Paris, Julliard, 1994.
81. Maurice Druon (de l'Académie française), *Lettre aux Français sur leur langue et leur âme,* Paris, Julliard, 1994.
82. Rapport de 1990 sur l'état de la francophonie dans le monde.
83. François de Preuil, *La France 3e superpuissance. Le fait français dans le monde,* Neuil-sur-Layon, Éditions de Preuil, 1980.
84. *Le Monde,* Paris, 11 novembre 1994.
85. Dans l'hebdomadaire *Cambio 16.*
86. Marek Halter, *Un homme un cri,* Paris, Robert Laffont, 1991.
87. *L'Inter-écho,* journal de la Société des écoles d'éducation internationale, Paris, vol. 3, n° 1, mars 1994.
88. *Les Enjeux de la francophonie. Textes documents pour la classe,* n° 612, Paris, TDC, 18 mars 1992.
89. Jean Delacour, *Dictionnaire des mots d'esprit,* Paris, Albin Michel, 1976.
90. André Halimi, *Touche pas à l'Amérique,* Paris, Plon, coll. Tribune libre, 1985.
91. René Étiemble, *Parlez-vous franglais,* Paris, Gallimard, 1964.
92. Dans *Le Devoir,* Montréal, 4 février 1995.
93. Pierre Daninos, *La France prise aux mots. Inventaire des folies du langage,* Paris, Calmann-Lévy, 1986.

94. Commission de Montréal sur l'avenir du Québec, 9 février 1995.
95. Modifiée le 17 juin 1994.
96. Daniel Poliquin, *L'Obomsawin,* Sudbury, Prise de parole, 1987.
97. Dénoncé par Jean Dutourd (de l'Académie française).
98. Dans *La Presse,* Montréal, 2 septembre 1988.
99. Dans *Le Figaro Magazine,* Paris, 10 juin 1995.
100. France 2, « Mauvaises manières des barbouzes américains », 22 février 1995.
101. Alfred Gilder, *Et si l'on parlait français,* Paris, Le cherche midi éditeur et Agence de coopération culturelle et technique, coll. Documents, 1993.
102. François-Bernard Huyghe, *La Langue de coton,* Paris, Robert Laffont, 1971.
103. *Pour une éthique de la cruauté,* Nietche et Artaud.
104. « Le livre partagé », dans la revue *Tel Quel.*
105. Robert Beauvais, *L'hexagonal tel qu'on le parle,* Paris, Hachette, 1970.
106. Rivarol, discours sur l'universalité de la langue française à l'Académie de Berlin, 1784.
107. Jean-François Kahn, *Tout change parce que tout est pareil,* Paris, Fayard, 1994.
108. Morvan Lebesque, *La Loi et le Système,* Paris, Les Éditions du Seuil, 1965.
109. Pierre Desproges, *Chroniques de la haine ordinaire,* Paris, Les Éditions du Seuil, 1987.
110. Pierre Foglia, dans *La Presse,* Montréal, 23 mars 1995.
111. Françoise Giroud, *Journal d'une Parisienne,* Paris, Les Éditions du Seuil, 1994.
112. L'abbé Pierre, *Testament,* Paris, Bayard, 1994.
113. Denys Lessard, *L'Enjeu des mots,* Montréal, Les Éditions internationales Alain Stanké, 1995.

114. Citée par Pierre de Bellefeuille (professeur de français langue seconde, à Abbotsford, Colombie-Britannique), «Féministation à tous crins», *Le Devoir*, 29 mars 1993.
115. *Grammaire historique de la langue française*, Paris, 1940.
116. Damourette et Pichon, *Des mots à la pensée,* Paris, 1940.
117. Albert Dauzat, *Le Génie de la langue française*, Paris, Payot, 1947.
118. Wolinski, *Les Pensées*, Paris, Le cherche midi éditeur, 1981.
119. Jacqueline Feldman, *Le Jeu du dictionnaire*, Paris et Montréal, Tierce/SCE/L'Étincelle, 1980.
120. *La Féminisation des titres*, Québec, Office de la langue française, 1964.
121. Pierre Daninos, *La France prise aux mots,* Paris, Calmann-Lévy, 1986.
122. Denys Lessard, à l'émission *Langue et espace francophone*, Radio-Canada.
123. Dominique Payette, à son émission *Un air de famille*, Montréal, Radio-Canada, mars 1995.
124. Nicole Gagnon, professeur au département de sociologie de l'Université Laval, dans *Le Devoir*, Montréal, 12 juillet 1991.
125. Roch Côté, *Manifeste d'un salaud*, Montréal, Éditions du Portique, 1990.
126. Pierre Desproges, *Les Réquisitoires du tribunal des flagrants délires*, émission de Claude Villiers, Paris, archives de l'Institut national de l'audiovisuel, 1983.
127. Louis Borgne, dans *Le Devoir*, Montréal, 8 mai 1991.
128. Robert Sabatier (de l'Académie Goncourt), *Le Livre de la déraison souriante*, Paris, Albin Michel, 1991.
129. Jean-Loup Chiflet et Nathalie Kristy, *Le dictionnaire des mots qui n'existent pas*, Paris, Presses de la Cité, coll. Hors collection, 1992.
130. *Dires*, la revue du cégep de Saint-Laurent, vol. 2, n° 1, printemps 1984.
131. Chaunes et Sylvoisal, *Le Verbiaire,* Lausanne, Le bruit du temps, coll. L'Âge d'Homme, 1985.

132. Nicolas et Nico Nicolaïdis, *Le Dictionnaire des mots inexistants*, Genève, Métropolis, 1989.
133. Fernand et Germaine Lot, *Tonnerre sur le lexique*, Paris, Les Éditions Planète, 1969.
134. Office de la langue française, *Néologie en marche*, n° 16, Québec, 1980.
135. Arthur Prévost, *Le Dictionnaire inutile, français-anglais, anglais-français*, Montréal, Éditions Princeps, 1972.
136. Pierre Perret, *Jurons, gros mots et autres noms d'oiseaux*, Paris, Plon, 1994, et Robert Édouard, *Nouveau Dictionnaire des injures*, Paris, Sand & Tchou, 1983.
137. Guy Bedos, *Je craque*, Paris, Calmann-Lévy, 1976
138. *Le Canard enchaîné*, Paris, 17 mai 1995.
139. René Lapierre, dans *Liberté*, Montréal, n° 138, novembre-décembre 1981.
140. Yvon Dulude et Jean-Claude Trait, *Dictionnaire des injures québécoises*, Montréal, Les Éditions internationales Alain Stanké, 1991.

Bibliographie

AUDOUARD, Yvan, *La connerie n'est plus ce qu'elle était*, Paris, Plon, 1993.

BEAUDET, Albert, *Dictionnaire anglais-français des nouveautés linguistiques*, Montréal, Fides, 1971.

BEAUVAIS, Robert, *Le français kiskose*, Paris, Fayard, 1975.

BEAUVAIS, Robert, *L'hexagonal tel qu'on le parle*, Paris, Hachette, 1970.

BEDOS, Guy, *Je craque*, Paris, Calmann-Lévy, 1976.

BERLOQUIN, Pierre, *Dictionnaire des jeux de mots*, Paris, Encore, 1980.

BERTHIER, Pierre-Valentin et COLIGNON, Jean-Pierre, *Le français écorché*, Paris, Bélin, coll. Le français retrouvé, 1987.

BOIZEAU, Jean et EBERHARDT, Michel, *Le Dictionnaire des injures politiques*, Paris, Le Crapouillot, 1977.

BOLOGNEM, Jean-Claude, *Les Sept Merveilles, les expressions chiffrées*, Paris, Larousse, Le souffle des mots, 1994.

BONDIORK, Jean, *Encyclopédie officielle des calembours*, Paris, Jacques Grancher, éditeur, 1989.

Bonne Vie, suivi du Guide gastronomique, La, Paris, Le Crapouillot, 1968.

BOUTHILLER, Guy et MAYNARD, Jean, *Le choc des langues au Québec (1760-1970)*, Québec, Les Presses de l'Université du Québec, 1972.

BROCHU, André, *Adéodat*, Montréal, Éditions du Jour, 1973.

BROGLIE, Gabriel de, *Le français, pour qu'il vive*, Paris, Gallimard, 1986.

CARRÈRE, Jean D^r et DESSAIGNES, Jacques, *Lexique des termes usuels de psychiatrie*, Paris, Berger-Levrault, 1976.

CARRIER, Roch, *Le Deux-millième Étage*, Montréal, Éditions du Jour, 1973.

CASTELBAJAC, Bernadette de, *Qui a dit quoi? Origine curieuse des expressions des noms et des mots*, Paris, Tallandier, 1978.

CHATELAIN-COURTOIS, Martine, *Les Mots du vin et de l'ivresse*, Paris, Bélin, coll. Le français retrouvé, 1984.

CHATELER, Noëlle, *Le Corps à corps culinaire*, Paris, 1977.

CHAUNES et SYLVOISAL, *Le Verbiaire*, Lausanne, Le Bruit du temps, coll. L'Âge d'Homme, 1985.

CHIFLET, Jean-Loup, *Sky Mr. Allgood. Parlons français avec Monsieur Toubon*, Paris, Éditions Mille et une nuits, coll. Les petits libres, 1994.

CHIFLET, Jean-Loup et JEANSON, Marc-Olivier, *Y a-t-il une courgette dans l'attaché-case? ou Comment parler anglais en parlant français*, Paris, Belfond, 1994.

CHIFLET, Jean-Loup et KRISTY, Nathalie, *Le dictionnaire des mots qui n'existent pas*, Paris, Presses de la Cité, coll. Hors collection, 1992.

COHEN, Marcel, *Matériaux pour une sociologie du langage*, Paris, Maspero, 1971.

COLIN, Jean-Paul, *Trésors des mots exotiques*, Paris, Bélin, coll. Le français retrouvé, 1986.

CÔTÉ, Roch, *Manifeste d'un salaud*, Montréal, Éditions du Portique, 1990.

DANINOS, Pierre, *Le Français dans tous ses sens*, Paris, Hachette, 1985.

DANINOS, Pierre, *La France prise aux mots. Inventaire des folies du langage*, Paris, Calmann-Lévy, 1986.

DANINOS, Pierre, *Le Jacassin. Nouveau traité des idées reçues, folies bourgeoises et automatismes*, Paris, Hachette, 1962.

DAUZAT, Albert, *Le génie de la langue française*, Paris, Payot, 1947.

DAVID, Martine et DELRIEU, Anne-Marie, *Aux sources des chansons populaires*, Paris, Bélin, coll. Le français retrouvé, 1984.

DELACOUR, Jean, *Dictionnaire des mots d'esprit*, Paris, Albin Michel, 1976.

DELACOUR, Jean, *L'Esprit des maux*, Paris, Éditions Balland, 1978.

DEPECKER, Loïc, *Les Mots de la francophonie*, Paris, Bélin, coll. Le français retrouvé, 1990.

Depriez, Georges, *Les Difficultés de la langue française, la conjugaison française, l'orthographe d'usage*, Paris, Éditions du Jour/Paul Legrain, Diffédit, coll. Selfs.

Desbiens, Jean-Paul, *Les Insolences du frère Untel*, Montréal, Les Éditions de l'Homme, 1960.

Desproges, Pierre, *Chronique de la haine ordinaire*, Paris, Les Éditions du Seuil, 1987.

Desproges, Pierre, *Les Réquisitoires du tribunal des flagrants délires*, émission de Claude Villiers, Paris, archives de l'Institut national de l'audiovisuel, 1983.

DesRuisseaux, Pierre, *Le Livre des expressions québécoises*, Montréal, HMH, 1979.

Devos, Raymond, *Sens dessus dessous, les antipodes*, Paris, Stock, 1976.

Dictionnaire des termes officiels de la langue française, Paris, Journal officiel de la République française, Délégation générale à la langue française, 1994.

Dires, la revue du cégep de Saint-Laurent, vol. 2, n° 1, Saint-Laurent (Québec), 1984.

Druon, Maurice, *Lettre aux Français sur leur langue et leur âme*, Paris, Julliard, 1994.

Dubois, Jean, *Étude sur la dérivation suffixale en français moderne et contemporain*, Paris, 1962.

Dubuc, Robert, *Objectif 200, 200 fautes de langage à corriger*, Montréal, Éditions Radio-Canada/Leméac, 1971.

Ducharme, Réjean, *Le nez qui voque*, Paris, Gallimard, 1966.

Duchesne, Alain et LeGuay, Thierry, *La Surprise, dictionnaire des sens cachés*, Paris, Larousse, Le souffle des mots, 1990.

Dulude, Yvon et Trait, Jean-Claude, *Dictionnaire des injures québécoises*, Montréal, Les Éditions internationales Alain Stanké, 1991.

Duneton, Claude, *La Puce à l'oreille. Anthologie des expressions populaires avec leur origine*, Paris, Stock, 1978.

Dupriez, Bernard, *Gradus. Les procédés littéraires (Dictionnaire)*, Paris, Union générale d'Éditions, 10/18, 1994.

Dutour, Jean, *Ça bouge dans le prêt à porter. Traité de journalisme*, Paris, Flammarion, 1989.

Dutour, Jean, *L'École des Jocrisses*, Paris, Flammarion (brochure), 1970.

Édouard, Robert, *Nouveau Dictionnaire des injures*, Paris, Sand & Tchou, 1983.

Fables de La Fontaine en argot, Les, Étoile-sur-Rhône, Nigel Gauvin éditeur, 1989.

Favreau, Marc, *L'univers est dans la pomme*, Montréal, Les Éditions internationales Alain Stanké, 1987.

Feldman, Jacqueline, *Le Jeu du dictionnaire*, Paris et Montréal, SCE/Tierce/L'Étincelle, coll. Esquisse, 1980.

Ferran, Pierre, *Vocabulaire des filles de joie*, Paris, Morel éditeur, 1970.

Finkielkraut, Alain, *Le Petit Dictionnaire illustré*, Paris, Les Éditions du Seuil, 1991.

Fontaine, Nathalie, *Maudits Français*, Montréal, Les Éditions de l'Homme, 1961.

Frappat, Bruno, *Si les mots ont un sens... Chroniques 1987-1993*, Paris, Le Monde éditions, 1994.

Garrus, René, *Les Étymologies surprises*, Paris, Bélin, coll. Le français retrouvé, 1988.

Germa, Pierre, *Dictionnaire des expressions toutes faites*, Paris et Montréal, Éditions Hermé et Libre Expression, 1987.

Gilbert, Pierre, *Chansonniers, aidez-moi!*, Paris, Éditions du Scorpion, 1962.

Gilder, Alfred, *Et si l'on parlait français. Essai sur une langue universelle*, Paris, Le cherche midi éditeur et Agence de coopération culturelle et technique, coll. Documents, 1993.

Godbout, Jacques, *Le Réformiste*, Montréal, Quinze/Stanké, 1975.

Gourio, Jean-Marie, *10 000 brèves de comptoir*, compilation de 1987 à 1992, Paris, Michel Lafon, 1993.

Gourio, Jean-Marie, *10 000 brèves de comptoir (Théâtre)*, adaptation Gourio et Ribes, Paris, Michel Lafon, 1994.

Grande Bouffe, un grand bluff, La, Paris, Le Crapouillot, 1980.

GUILLERMARD, Colette, *Les Mots d'origine gourmande*, Paris, Bélin, coll. Le français retrouvé, 1993.

GUIRAUD, Pierre, *Dictionnaire érotique, précédé d'une introduction sur les structures étymologiques du vocabulaire érotique*, Paris, Payot et Rivages, coll. La Grande Bibliothèque Payot, 1993.

GUTH, Paul, *Lettre ouverte aux futurs illettrés*, Paris, Albin Michel, 1980.

HALTER, Marek, *Un homme un cri*, Paris, Robert Laffont, 1991.

HENNEBERT, Jean, *Dites plutôt. Le bon usage en exemples pratiques*, Paris, Mercure de France, 1968.

HOLLIER, Robert, *Canada*, Paris, Les Éditions du Seuil, coll. Petite Planète, 1967.

HUMBERT, Jean, *Les Gaîtés du français*, Bienne, Éditions du Panorama, 1962.

HUYGHE, François-Bernard, *La Langue de coton*, Paris, Robert Laffont, 1971.

Inter-écho, L', journal de la Société des écoles d'éducation internationale, Paris, vol. 3, n° 1, mars 1994.

LAFLEUR, Bruno, *Dictionnaire des locutions idiomatiques françaises*, Montréal, Éditions du renouveau pédagogique inc., 1979.

LAMBERT, Raoul, *Le Dico dingue*, Rodes, Éditions du Rouergue, 1992.

LE BRETON, Auguste, *Langue verte et noirs dessins*, Paris, Presses de la Cité, 1960.

LE CORNEC, Jacques, *Quand le français perd son latin. Nouvelle défense et illustration*, Paris, Les belles lettres. Ouvrage publié avec le concours du Centre national des Lettres, 1981.

LE DORAN, Serge, PELLOUD, Frédéric et ROSÉ, Philippe, *Dictionnaire San-Antonio*, Paris, Fleuve Noir, 1993.

LEBESQUE, Morvan, *Chroniques du Canard enchaîné*, Paris, Jean-Jacques Pauvert éditeur, coll. Refus d'obtempérer, 1960.

LEBESQUE, Morvan, *La Loi et le Système*, Paris, Les Éditions du Seuil, 1965.

LECOUTY, Chantal, *Connaître le vin c'est facile*, Paris, M.A. Éditions, 1989.

Le Robert, Dictionnaire québécois d'aujourd'hui, Saint-Laurent (Québec), Dicorobert inc., 1992.

Les Enjeux de la francophonie. Textes documents pour la classe, n° 612, Paris, TDC, 18 mars 1992.

LESSARD, Denys, *L'Enjeu des mots*, Montréal, Les Éditions internationales Alain Stanké, 1995.

Liberté, Montréal, n° 138, novembre-décembre 1981.

LOT, Fernand et Germaine, *Tonnerre sur le lexique*, Paris, Les Éditions Planète, 1969.

Made in France. Les Français vus d'ailleurs. Pourquoi le monde entier nous envie, Paris, Les dossiers du Canard enchaîné, 1993.

MERLE, Pierre, *Les Blues de l'argot*, Paris, Les Éditions du Seuil, coll. Point Virgule, 1990.

MERLE, Pierre, *Dictionnaire du français branché*, Paris, Les Éditions du Seuil, 1986.

MERLE, Pierre, *Lexique du français tabou*, Paris, Les Éditions du Seuil, coll. Point Virgule, 1993.

MONCELET, Christian, *Les Répliques les plus drôles, l'esprit d'à-propos*, Paris, Le cherche midi éditeur, 1986.

NICOLAÏDIS, Nicolas et Nico, *Le Dictionnaire des mots inexistants*, Genève, Métropolis, 1989.

NOVARINA, Valère, *La Chair de l'homme, Théâtre de paroles*, Paris, POL, 1995.

OFFICE DE LA LANGUE FRANÇAISE, *Néologie en marche*, n° 16, Québec, 1980.

PERRET, Pierre, *Jurons, gros mots et autres noms d'oiseaux*, Paris, Plon, 1994.

POLIQUIN, Daniel, *L'Obomsawin*, Sudbury, Prise de parole, 1987.

POMMIER, René, *Assez décodé*, Paris, Guy Roblot, 1978.

PREUIL, François de, *La France 3ᵉ super puissance. Le fait français dans le monde*, Neuil-sur-Layon, Éditions de Preuil, 1980.

PRÉVOST, Arthur, *Le Dictionnaire inutile, français-anglais, anglais-français*, Montréal, Éditions Princeps, 1972.

Rapport 1900 sur l'état de la francophonie dans le monde, Paris, Références Larousse, 1991.

Rowley, Anthony, *À table!*, Paris, Gallimard, coll. Découvertes, 1994.

Royer, Jean-Michel et Simoën, Jean-Claude, *Le Pamphlet – de Sade à Mitterrand*, Paris, Le Crapouillot, 1983.

Sabatier, Robert, *Le Livre de la déraison souriante*, Paris, Albin Michel, 1991.

Saint-Maurice, Faucher de, *La question du jour: Resterons-nous français?*, Montréal, Hurtubise HMH, Cahiers du Québec/ Documents d'histoire, 1990.

Schifres, Alain, *Les Parisiens*, Paris, J.C. Lattès, 1990.

Schoeck, Georg, trad. de Marius Lavency, *Sénèque pour les managers, citations choisies dans les « Lettres à Lucilius »*, Paris-Gembloux, Duculot, 1988.

Simonin, Albert, *Le Petit Simonin illustré. Le Littré de l'argot*, Paris, Les productions de Paris, 1959.

Sternberg, Jacques, *Vivre en survivant, démission, démerdes, dérive*, Paris, Tchou, coll. L'école buissonnière, 1977.

Strick, Robert, *Le Français d'aujourd'hui*, Paris, Presses Pocket, 1982.

Tords-lui le cou! L'éloquence parlementaire, judiciaire sacrée et militaire, Paris, Le Crapouillot, 1958.

Tournier, Michel, *Le Miroir des idées*, Paris, Mercure de France, 1994.

Tournier, Michel, *Le Pied de la lettre. Trois cents mots propres*, Paris, Mercure de France, 1994.

Turenne, Augustin, *Nous parlon français*, Montréal, Éditions La Presse, 1973.

Vandel, Philippe, *Le Dico français/français, le livre décodeur*, Paris, J.C. Lattès, 1992.

Vélo tout terrain, Spécial Salon du cycle, Paris, 1989.

Verne, Jules, *Famille-sans-nom*, Montréal, Les Éditions internationales Alain Stanké, coll. Québec 10/10, 1977.

Vices de pub, Paris, Les dossiers du Canard enchaîné, 1989.

Voirol, Michel, *Anglicismes et anglomanie*, Paris, Éditions du Centre de formation et de perfectionnement des journalistes, 1993.

WALTER, Henriette, *L'Aventure des langues en Occident, leur origine, leur histoire, leur géographie*, Paris, Robert Laffont, 1994.

WALTER, Henriette, *Des mots sans-culottes*, Paris, Robert Laffont, 1989.

WALTER, Henriette, *Le Français dans tous les sens*, Paris, Robert Laffont, 1988.

WALTER, Henriette et Gérard, *Dictionnaire des mots d'origine étrangère*, Paris, Larousse, 1991.

WEIL, Sylvie, *Trésors de la politesse française*, Paris, Bélin, coll. Le français retrouvé, 1983.

WOLINSKI, *Les Français me font rire. Série bête et méchante*, Paris, Éditions du square, 1980.

WOLINSKI, *Les Pensées*, Paris, Le cherche midi éditeur, 1981.

YAGUELLO, Marina, *Catalogue des idées reçues sur la langue*, Paris, Les Éditions du Seuil, coll. Point Virgule, 1988.

YAGUELLO, Marina, *Les Mots et les Femmes*, Paris, Petite Bibliothèque Payot/Documents, 1992.

TABLE DES MATIÈRES

Touche pas à ma... pelote!...................................11
Si tu parlais comme du monde, on se comprendrait!.........12
L'embarquement pour s'y taire 14
Mots dits français 15
Le français? On s'en balance! 16
L'accent, c'est grave!....................................20
Garçon, la diction! 21
Les sal... amis québécois.................................21
Le joual, vous trouvez sabot?.............................22
La Fontaine publique......................................30
Proximité ou promiscuité?.................................33
Slip, slip, slip, hourra! 37
Q... comme dans Québec 40
Késsaveudire? 50
Des contes en sous-France 52
Un parler positivement négatif 58
Honni soit qui Mali pense!................................61
L'idiome du village 69
Parlez-vous LES français?.................................70
On n'arrête pas de décoder 73
Une langue hyperextrasuper................................78
Quand les psys... causent 80
Clic, clic, clic, hourra..................................85
Quand les Français ne parlaient pas français 89
Une langue: des rides!....................................90
Les langues françaises de France..........................92
Allez donc savoir...94
— Y a-t-il quelqu'un qui parle français ici? — Oui, JE!..96

Bonjour la France !..97
Honni soit qui mal entend !....................................98
Le français, on peut compter dessus !...................100
Le sexe pris en flagrant débit................................102
Traduction ou contradiction ?...............................107
Bonjour les Français !..108
Mangeons français !...110
L'appétit vient avec les mots 116
Des mots... d'estomac..117
Les mots de la faim 120
Des gros mots pour friandises 124
À moi comte, deux mots !.....................................129
Ne mâchez pas vos mots !.....................................130
Le vrai (?) parler français......................................130
Le saifran c'est sacomme !.....................................134
Entre deux mots, choisir le moindre !..................134
Le conte est bon !...137
On peut perdre son français mais pas la face !....142
Est-ce ainsi que les Français vivent ? 147
On voit bien que vous n'êtes pas frOnçais !.........150
Articulez bien surtout !..151
Les sanglots saxons..154
Parler comme tout le monde !..............................164
Heureux qui comm... unique !.............................166
Parlons caustique 168
Purification ethnique de la langue?......................171
Neuvelangue et peur du mot juste 174
Les féminins plutôt singuliers 181
Il n'y a pas de mâle là-dedans !.............................188
Chiche ! On complique !.......................................192
Des mots, encore des mots !.................................196

Le dictionnaire inutile 199
Les pressés verbaux 199
Touche pas à mon françâs! 202
Des mots pour le pire 204
C'est du français ou de l'engueulé? 207

Notes...211
Bibliographie..219

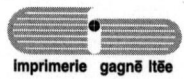